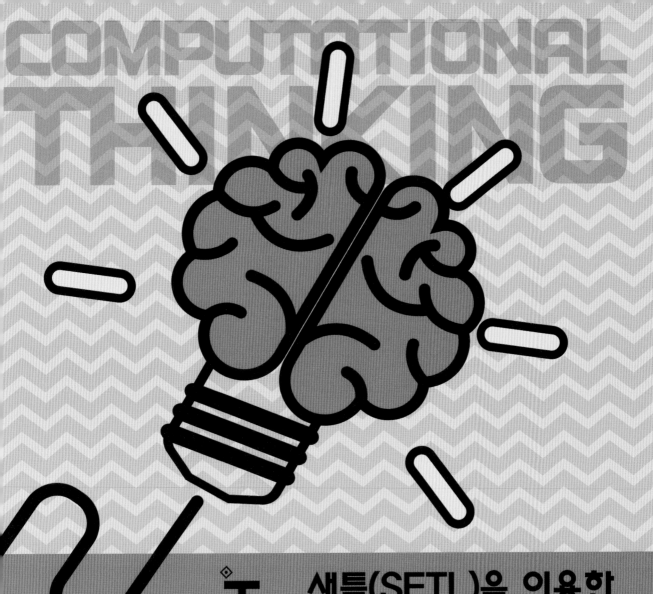

COMPUTATIONAL THINKING

새틀(SETL)을 이용한

시각화

컴퓨팅 사고 연습

저자 유홍준 / 박경화

(주)소프트웨어품질기술원
www.softqt.com

차례

IV 알고리즘 기반 컴퓨팅 사고 연습

V 현재와 미래 문제의 창의적 해결 연습

부록

　요즈음 컴퓨팅 교육이 급속히 부상하고 있습니다. 하버드 대학에서 가장 인기있는 과목이 CS50이라는 컴퓨터 과학(computer science) 개론 과목이라고 합니다. 컴퓨터를 활용한 문제 해결 방법과 프로그램 코딩을 배우는 과목입니다. 하버드 대는 CS50 과정(https://cs50.harvard.edu/)을 전세계에 무료로 개방하고 있습니다. 0과1로 정보를 표현하는 비트(bit) 개념으로부터 프로그래밍, 알고리즘 등을 포함하여 컴퓨팅 원리를 누구라도 쉽게 익힐 수 있도록 인도하고 있습니다.

　그렇다면, 최고 수준의 수재들이 모인 하버드 대에서 무엇이 부족하여 인문계 학생들에게까지 컴퓨팅 교육을 강화한 것일까요? 이유는 간단합니다. 미래에는 소프트웨어를 중심으로 하는 컴퓨팅 능력이 사회 적응에 필수 요소로 작용하기 때문입니다.

　자체 하드웨어 공장을 거의 가지고 있지 않고 소프트웨어를 중심으로 승부하는 애플은 2015년 5월 현재 시가 총액 7428억8000만 달러로 4년 연속 세계 1위를 달성하고 있습니다. 세계 2위와 3위도 각각 마이크로소프트(3947억4000만 달러)와 구글(3715억000만 달러)로 모두 소프트웨어 중심 기업입니다.

　구글, 페이스북과 같은 소프트웨어 중심 기업은 이미 자동차 시장과 드론을 중심으로하는 항공기 사업으로 관심을 돌리고 있습니다. 왜냐하면 미래의 자동차와 항공기의 성능은 소프트웨어에서 판가름이 난다는 것을 알고 자신감을 가지고 있기 때문입니다. 물론 이들 기업은 여기서 멈추지 않고 사물 인터넷(IoT : Internet of Things)이라는 융합 환경을 이용하여 상상이상의 모든 산업 분야로 사업 영역을 급속히 확장하고 있습니다.

　우리나라도 최근에 국가적으로 소프트웨어의 중요성을 인식하여 초등학교부터 소프트웨어 코딩 교육의 의무화, 소프트웨어 중심 사회의 선언을 통해 소프트웨어 기술 확보를 위해 전력으로 추진하기 시작했습니다.

　바로 이러한 움직임의 기반을 차지하는 것이 컴퓨팅 사고(CT : Computational Thinking)입니다.

　컴퓨팅 사고란 우리가 일상에서 대하는 복잡한 문제를 간단하게 추상화하여 핵심 원리를 파악하고 이를 컴퓨터를 이용하여 쉽게 해결할 수 있는 사고 능력을 의미합니다. 또한, 특정한 문제를 해결하는 해법으로 확립한 알고리즘을 패턴화하여 동일하거나 유사한 문제를 대할 때 패턴 인식과 패턴의 조립 및 분해를 통해 쉽게 창의적으로 응용하여 해결할 수 있는 능력을 뜻합니다.

컴퓨팅 사고를 증진함에 있어서 문제 해결 절차를 시각화하여 패턴으로 인식하는 연습을 많이 하는 것이 아주 중요합니다. 이제까지는 이러한 시각화 방법으로 대부분 순서도(flow chart)를 사용하였습니다. 하지만, 순서도는 코드와 1:1로 대응하기 어렵고, 문제 해결을 위한 추상화가 불가능하며, 패턴의 조립 분해나 알고리즘의 패턴화가 곤란한 치명적인 단점을 가지고 있습니다.

이러한 문제를 단숨에 해결하여 순서도를 대체하기 위해 탄생한 것이 바로 '구조화객체부품'이라는 공식 명칭을 가진 쏙(SOC : Structured Object Component)입니다.

본서는 쏙(SOC)과 이를 지원하는 소프트웨어 자동화 도구인 새틀(SETL : Structured Efficiency TooL)을 이용하여 컴퓨팅 사고를 증진하는 연습을 하는데 중점을 두고 있습니다. 본서를 통해서 컴퓨팅 사고의 신세계를 경험할 수 있을 것입니다.

세상은 급변하고 있습니다. 본서를 내면서 공저자는 전공자부터 비전공자에 이르기까지, 초등학생부터 대학생에 이르기까지 누구라도 쉽게 익힐 수 있도록 노력하였습니다. 그래도 부족한 부분들이 있을 것입니다. 이에 대해 독자님들의 아낌없는 의견 부탁드립니다.

아무쪼록 본서를 통해서 독자님들이 조금이라도 도움을 받으실 수 있기를 마음으로부터 기도드리며 앞으로도 좋은 책으로 보답해드리도록 노력할 것을 다짐합니다.

감사합니다.

2015. 10. 01.

㈜소프트웨어품질기술원 공저자 유홍준 박경화 드림

시각화 컴퓨팅 사고의 효율적인 연습을 위해, 공저자는 독자분들을 크게 두 유형으로 구분하여 기본적인 말씀을 드리겠습니다.

● 컴퓨팅 사고 연습에 컴퓨터 활용이 가능하신 분은,

본 서를 처음부터 차례대로 익혀나가시되, 우선 조립 분해식으로 알고리즘을 시각적으로 표현하는 자동화 도구인 새틀(SETL : Structured Efficiency TooL)의 사용법과 조립식 소프트웨어 설계 부품인 쏙(SOC : Structured Object Component)의 개념을 이해하실 필요가 있습니다. 그런 후, 특정 문제 해결을 위한 알고리즘을 제어 구조 패턴을 중심으로 조립, 분해, 추상화, 구체화를 시켜가면서 컴퓨팅 사고 연습을 하실 것을 권고해드립니다. 응용 과제의 경우에는 정답에 연연하지 말고 마음껏 상상력의 나래를 펼 수 있도록 연습하는 것이 중요합니다. 일단 한 번 만든 문제 해결 절차는 자유롭게 수정 보완할 수 있기 때문입니다.

어떠한 경우에도 실습을 통해서 연습하여 익히는 것이 산 지식입니다. 실습 중심으로 컴퓨팅 사고 연습을 해나가시면 반드시 좋은 성과를 얻으실 수 있을 것입니다.

● 컴퓨팅 사고 연습을 언플러그드(unplugged) 활동으로 하시려는 분은,

언플러그드 활동은 주로 단기간 활동인 경우가 많으므로, 본서를 가지고 연습을 하실 때 처음부터 끝까지 모든 과제를 다 수행하지 못할 경우가 많을 것입니다. 따라서, 대표적인 기본 과제를 다함께 연습한 후, 응용 과제는 조별 대항전과 같은 형태로 나눠서 수행하는 방법이 효율적입니다. 조별 대항전은 내가 속한 조의 방법과 다른 조에서 수행한 방법의 차이를 비교하여 컴퓨팅 사고를 객관적인 시각에서 균형 있게 향상시킬 수 있는 계기를 만들어 줄 것입니다.

본서는 이분법적으로 맞느냐 틀리냐의 정답을 요구하는책이 아니며 컴퓨팅 사고의 증진을 극대화하는 것이 목적입니다. 특히 응용 과제는 창의력과 상상력을 극대화하는 것이 중심이므로 누구라도 정답을 맞춰야 한다는 부담감 없이 상상의 나래를 자유롭게 펼침으로써 자신감 있게 창의력을 증진시킬 수 있을 것입니다.

그럼 이제부터 컴퓨팅 사고의 새로운 세계로 힘차게 들어갑시다~ ^^

제1장

시각화 컴퓨팅 사고 개요

1.1 컴퓨팅 사고의 탄생 배경과 정의

1.1.1 컴퓨팅 사고는 누가 제창하였을까?

컴퓨팅 사고(CT : Computational Thinking)란 용어는 1980년에 MIT의 컴퓨터과학자인 시모어 페퍼(Seymour Papert) 교수가 최초로 사용하였습니다. 하지만, 실제로 컴퓨팅 사고의 개념을 확산시킨 장본인은 카네기 멜론 대학의 지넷 윙(Jeannette M. Wing) 교수입니다. 그녀는 2006년에 세계적인 권위의 학술지인 "Communications of the ACM"에 "Computational Thinking"을 소개합니다. 즉, 인간이라면 누구나 갖추어야 할 보편적인 필수 역량으로 컴퓨팅 사고를 소개하여 큰 반향을 일으킵니다. 그녀가 컴퓨팅 사고의 주요 요소로 강조한 부분들을 정리하면 다음과 같습니다.

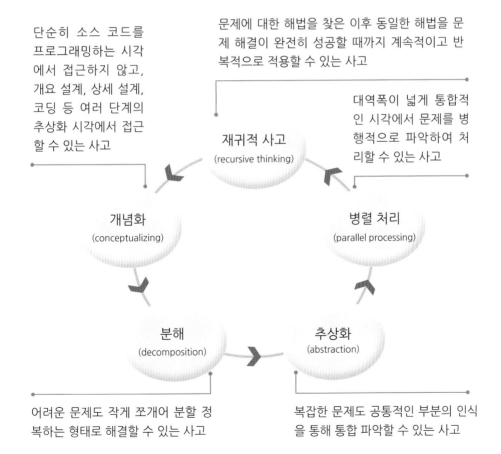

1.1.2 컴퓨팅 사고의 명확한 의미는 무엇일까?

지넷 윙 교수는 컴퓨팅(computing)을 추상의 자동화(the Automation of Abstraction)라고 부르며 추상화 처리에 초점을 맞춰서 생각하는 것을 컴퓨팅 사고(CT : Computational Thinking)라고 강조합니다.

우리가 컴퓨팅 사고를 떠올릴 때, 얼핏 액셀이나 워드 프로세서같은 것을 잘 조작하거나, 컴퓨터 프로그램 코딩을 잘 할 줄 아는 것이라고 생각할 수 있습니다. 하지만, 그녀는 그 자체를 컴퓨팅 사고라고 생각해서는 안된다고 주장합니다. 단순히 프로그래밍 언어를 익혀서 코딩을 할 줄 아는 것이 아니라, 코딩을 하더라도 분석, 개요 설계, 상세 설계와 같은 여러 단계의 추상화를 통해 통합적인 시각에서 접근해야 함을 강조하고 있습니다.

예를 들어 정렬, 검색 등과 같은 알고리즘을 분석 및 설계 개념으로 추상화하여 패턴으로 인식하고 이러한 패턴들을 필요시에 적절히 분해, 결합하는 방식으로 코딩에 적용하여 문제를 해결하는 능력을 컴퓨팅 사고라고 보는 것입니다. 이를 기반으로 정의하자면, **컴퓨팅 사고란 인간이 컴퓨터처럼 사고한다는 뜻이 아니라 단순 반복적으로 처리하는 컴퓨터에 인간의 영리함을 불어넣어 창의적으로 문제를 해결할 수 있는 사고 능력**을 뜻합니다.

1.2 컴퓨팅 사고의 구성 요소

컴퓨터에 인간의 영리함과 상상력을 불어넣어 문제를 창의적으로 해결하기 위해서는 어떻게 해야 할까요? 이를 위해서는 우선 컴퓨팅 사고 능력을 발휘하기 위해 기본적으로 갖춰야 할 요소들이 무엇인가를 알아야 할 필요가 있습니다. 컴퓨팅 사고라는 자체는 일종의 문제 해결을 위한 방법론입니다. 방법론의 구성 요소를 알아야 해당 구성 요소를 잘 조합하여 문제를 해결해나갈 수 있습니다. 컴퓨팅 사고 증진에 필요한 주요 구성 요소들을 6가지로 정리하여 열거하면 다음과 같습니다.

컴퓨팅 사고의 주요 6요소	
추상화	복잡한 문제나 아이디어를 단순화하여 표현하는 능력
패턴 인식	다양한 정보 속에서 공통적인 패턴을 식별하는 능력
분해	특정 문제를 다양한 시각으로 쪼개어 파악하는 능력
알고리즘	특정 문제를 해결하기 위한 절차나 방법을 습득하는 능력
자동화	반복적인 일을 컴퓨터를 이용하여 신속하게 처리하는 능력
병렬화	문제를 여러 관점에서 병행적으로 파악하여 처리하는 능력

'컴퓨팅 사고의 6요소' 라고 하니 어렵게 느껴질 수 있지만, 아주 쉬우니 마음을 편히 가지시기 바랍니다. 본 교재로 재미있게 연습해나가는 가운데 여러분은 자신도 모르게 컴퓨팅 사고 능력을 튼튼하게 체득하실 것입니다. 또한, 체득한 원리를 바탕으로 생활 속에서 지속적으로 업그레이드해나가실 수 있을 것입니다.

가우스는 독일의 천재 수학자로 유명합니다. 그는 새로운 계산법을 겨우 8세가 되던 해에 창안하였습니다.

당시 학교에서 선생님이 학생들에게 1에서 100까지 더하라는 문제를 냈습니다. 그런 후 잠시 다른 일을 보려고 했습니다. 아이들이 빨리 풀기는 어려울 것이라고 판단하였기 때문입니다. 그때 가우스가 "5050!"이라고 외쳤습니다.

문제를 낸지 얼마 지나지 않아 가우스가 정답을 말하자 선생님은 깜짝 놀라서 가우스에게 어떻게 풀었느냐고 물어보았습니다.

그러자 가우스는 태연하게 자기가 문제를 푼 방법을 설명하였습니다. "첫 번째 수인 1과 끝 수인 100을 더하면 101이라는 결과를 얻을 수 있습니다. 두 번째 수인 2와 뒤에서 두 번째 수인 99를 더해도 101이라는 결과를 얻을 수 있습니다. 이런 식으로 총 50개의 쌍을 만들 수 있으니 101에 50을 곱하여 5050이라는 결과를 얻었습니다."

창의적 사고의 선두 주자인 가우스가 창안한 '가우스 연산법'을 예로 들어보았습니다. 가우스는 1~100의 숫자 중 합해서 101의 결과를 얻는 쌍이 50개라는 핵심 원리를 파악하고 문제 해결 과정을 곱셈으로 자동화했습니다. 이 과정이 바로 컴퓨팅 사고입니다. 컴퓨팅 사고, 어렵지 않지요?

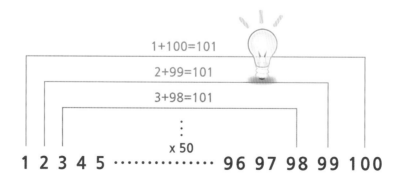

시작해봅시다 ♬

컴퓨팅 사고의 구성 요소?

본서에서 제시한 컴퓨팅 사고의 주요 6요소 이외에 또 어떠한 개념들이 컴퓨팅 사고를 지원할 수 있을까요? 자유롭게 생각하면서 토론해 보세요.

UPGRADE

1.3 기존의 컴퓨팅 사고 접근 방법의 문제점

소프트웨어 교육을 받아본 적이 있나요? 지금까지는 소프트웨어 교육이 일부 흥미 위주의 단순 지식이나 기능 습득에만 치우치는 경향이 있었습니다. 그래서 조금만 복잡한 문제를 대해도 학생들이 어렵게 인식하는 경우가 있었습니다. 왜냐하면 고기를 잡아주는데 치중하고 고기를 잡는 방법을 가르치는 데에는 상대적으로 소홀히 하였기 때문입니다.

스마트 기기 보급률이 아무리 높아도 스마트 기기 사용자가 스스로 재미있는 게임이나 생활에 이용할 수 있는 편리한 앱을 설계해보겠다는 생각을 하지 못한다면 무슨 의미가 있을까요?

1억 달러 이상의 가치를 인정받은바 있는 회사인 홈렌팅업체 '에어비앤비(airbnb)'의 공동 창업자 겸 최고기술책임자인 네이선 블레차르지크(Nathan Blecharczyk)는 12살 때 혼자 코딩을 배웠고, 14살 때엔 고객을 위한 소프트웨어를 만들었다고 합니다. 블레차르지크는 "너무 많은 기술과 지식을 주입식으로 배우기보다는 세상에서 발생하는 실질적인 문제를 해결하기 위해 기술을 적절히 적용하는 방법을 연습하는 것이 더 중요하다"고 말합니다. 그는 또 "필요한 기술은 아주 기본적인 요건 충족만으로도 괜찮으며, 문제를 해결하기 위해 기술을 어떻게 적용할지에 대한 비전과 창의성이 더 고차원의 기술"이라고 덧붙였습니다.

이처럼 컴퓨팅 사고를 배워야 하는 중요한 이유는 원리를 이해하고 기술을 이용해 문제를 해결할 수 있는 창의력을 키워야 한다는 점입니다.

2018년부터는 초등학교부터 소프트웨어 교육을 의무화함으로써, 어려서부터 의 컴퓨팅 사고 능력 증진의 필요성은 현실화되고 있습니다. 소프트웨어 교육의 체계적 수행 움직임도 본격적으로 활성화되고 있습니다. 모두가 소프트웨어 중심 사회로의 변화에 적응하여 논리적 사고력, 창의력, 문제 해결 능력을 함양하여 창의적 인재 양성의 중요성을 인식하기 때문입니다.

하지만, 현재까지의 컴퓨팅 사고에 접근하는 방법이 적절했는가에 있어서는 아직도 의문이 있습니다. 기존에는 컴퓨팅 사고의 핵심을 형성하는 알고리즘을 파악하는데 순서도와 같은 방법을 사용해왔습니다. 순서도를 이용하는 방법은 문장으로 표현하는 방법보다는 진일보한 방법입니다. 하지만 아래의 그림과 같이 동일한 알고리즘에도 거의 무한대의 표현 방법이 존재합니다.

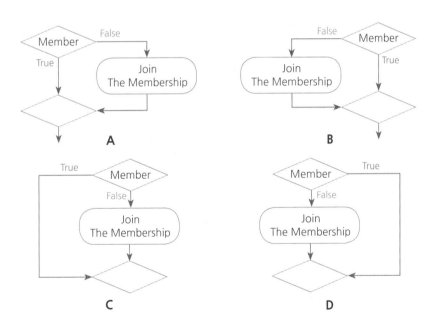

동일한 문제 해결을 위한 패턴이 무한대로 다양하다는 것은 무엇을 의미하는 것일까요? 그것은 컴퓨팅 사고의 또 하나의 중요한 요건인 패턴 인식을 불가능하게 하는 문제점을 초래한다는 것을 뜻합니다.

컴퓨팅 사고를 안정적으로 증진시키기 위해서는 기본적으로 문제 해결을 위한 모델을 정립하는 패턴을 정형화하는 것이 중요합니다. 패턴을 정형화한다는 의미는 패턴 인식을 용이하게 한다는 것을 의미합니다.

예를 들어, 한 사람이 어떤 경우에는 지킬 박사로 어떤 경우에는 하이드씨로 살아간다면 주위 사람은 그 사람의 특성을 명확하게 이해하기 어렵습니다. 따라서, 그를 상대로 문제를 해결하는 것이 어려워집니다. 이런 경우에 컴퓨팅 사고를 이용하여 낮에는 지킬 박사, 밤에는 하이드씨라고 패턴을 정립하면 그를 상대할 때 낮에는 위험도가 없음을 알 수 있습니다. 하지만, 이것을 그대로 인식하고 지나치면 기억에서 사라지기 때문에 어떠한 형태로든 패턴을 모델화할 필요가 있습니다. 패턴을 모델화할 때 이제까지 주로 사용하던 것은 순서도입니다.

이런 경우의 판단 패턴을 순서도로 그려본다면 아래와 같이 '낮'을 기준으로 일부만 나타내도 대단히 다양한 패턴으로 표현할 수 있을 것입니다.

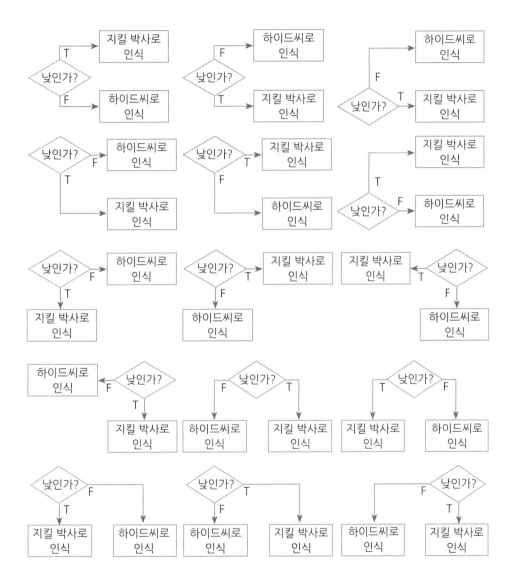

이렇게 단순한 논리 판단조차 엄청나게 많은 패턴이 존재한다는 것은 무엇을 의미할까요? 두 말할 나위도 없이 패턴이 비정형화 특성을 가지고 있다는 것을 뜻합니다. 즉, 패턴 인식이 거의 불가능하여 컴퓨팅 사고 능력의 증진 도구로의 사용에 부적합하다는 것을 알 수 있습니다.

1.4 시각화 컴퓨팅 사고 접근을 통한 해결 방안

순서도(flowchart)와 같은 논리 흐름의 표현에 있어서 비정형화 특성을 가진 모델링 방법의 문제점을 해결하기 위해 많은 시도가 있었습니다. 하지만 컴퓨팅 사고의 지원에는 어려움이 있었습니다. 이러한 문제점들을 단숨에 해결해주는 모델링 방법이 등장합니다. 그것이 바로 저자가 창안한 쏙(SOC : Structured Object Component)입니다. 이것은 저자가 1980년대 중반부터 연구하기 시작하여 1992년도에 쌔크(SEC : Structured Efficiency Chart)라는 이름으로 마이크로소프트 지에 발표한 것을 기원으로 합니다. 그 후, 필자가 정보시스템 감리를 오랜 기간동안 수행하는 과정에서 알고리즘의 패턴 인식, 추상화, 분해는 물론 재귀적 사고, 개념화, 병렬 처리 등 컴퓨팅 사고에 필요한 모든 부분에 대한 검증 및 보완을 거쳐 쏙(SOC)이라는 이름으로 완성한 것입니다. 쏙(SOC)으로 지킬 박사와 하이드씨의 특성을 인식하는 패턴을 나타내면 다음과 같습니다.

쏙(SOC)의 경우에는 하나의 논리에는 단 하나의 패턴만 존재합니다. 이처럼 쏙(SOC)은 단순하게 정형화한 패턴 특성을 가지고 있습니다. 이것은 판단을 할 때 '낮'이면 그러면(then) 지킬 박사로 인식하고, 그밖의 조건이면(else) 하이드씨로 인식한다는 뜻을 나타냅니다.

① 낮일 때의 논리 흐름

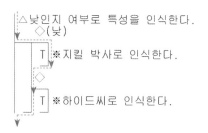

'낮'이라는 조건이 'T(True)'이면 지킬 박사로 인식합니다.

② 밤일 때의 논리 흐름

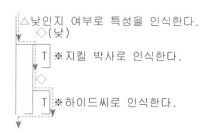

'낮'이라는 조건이 아닌 기타(else) 조건이 'T(True)'이면 하이드씨로 인식합니다.

쏙(SOC)은 목적(목표)-수단 계열의 문제 해결 구조를 가지고 있습니다. 지킬 박사와 하이드씨의 특성을 인식하는 쏙(SOC)을 목적(목표)과 수단의 관점에서 파악하면 다음과 같습니다.

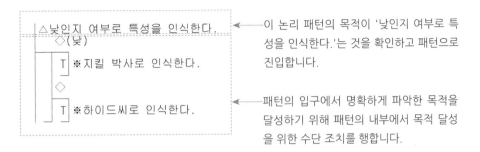

이 논리 패턴의 목적이 '낮인지 여부로 특성을 인식한다.'는 것을 확인하고 패턴으로 진입합니다.

패턴의 입구에서 명확하게 파악한 목적을 달성하기 위해 패턴의 내부에서 목적 달성을 위한 수단 조치를 행합니다.

쏙(SOC)은 여러 단계의 추상화 수준을 포함하고 있습니다. 지킬 박사와 하이드씨의 특성을 인식하는 쏙(SOC)을 추상화 수준의 시각에서 살펴보면 아래와 같습니다. 즉 왼쪽 열 부분이 추상화 수준이 높은 부분이고 오른쪽 열 부분이 추상화 수준이 낮아지도록 구체화한 부분임을 알 수 있습니다.

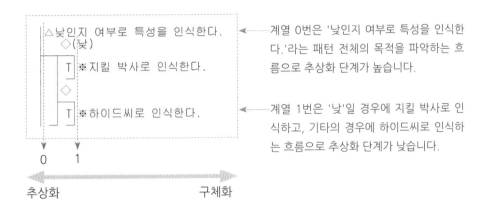

계열 0번은 '낮인지 여부로 특성을 인식한다.'라는 패턴 전체의 목적을 파악하는 흐름으로 추상화 단계가 높습니다.

계열 1번은 '낮'일 경우에 지킬 박사로 인식하고, 기타의 경우에 하이드씨로 인식하는 흐름으로 추상화 단계가 낮습니다.

추상화 수준이 높은 부분은 추상화 수준이 낮은 부분을 마치 그룹사가 계열사를 지배하는 것과 같은 형태로 포함합니다. 그렇기 때문에 이러한 개념을 '계열화(systematization)'라고 합니다. 추상화 수준을 여러 단계에 걸쳐서 인식할 수 있도록 작성할 수 있는 것이 쏙(SOC)의 특징입니다.

그렇다면 여러 단계의 추상화를 어떻게 구현할 수 있을까요? 그것 역시 아주 간단합니다. 예를 들어, 친구인 어터슨 변호사가 지킬 박사를 만날 때 낮인지 밤인지를 구분하여 위험을 피할 수 있도록 논리 흐름을 확립하는 경우를 상정해보지요.

아래와 같은 여러 단계의 추상도를 가진 논리 패턴으로 표현할 수 있습니다.

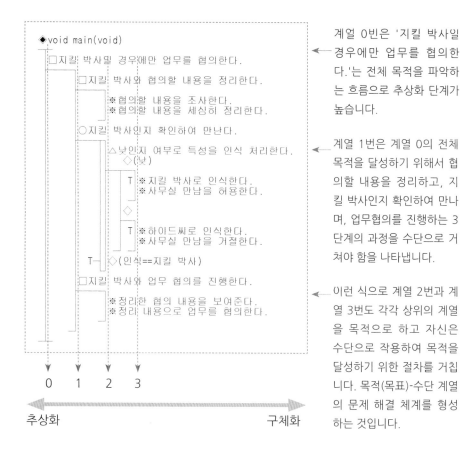

계열 0빈은 '지킬 박사일 경우에만 업무를 협의한다.'는 전체 목적을 파악하는 흐름으로 추상화 단계가 높습니다.

계열 1번은 계열 0의 전체 목적을 달성하기 위해서 협의할 내용을 정리하고, 지킬 박사인지 확인하여 만나며, 업무협의를 진행하는 3단계의 과정을 수단으로 거쳐야 함을 나타냅니다.

이런 식으로 계열 2번과 계열 3번도 각각 상위의 계열을 목적으로 하고 자신은 수단으로 작용하여 목적을 달성하기 위한 절차를 거칩니다. 목적(목표)-수단 계열의 문제 해결 체계를 형성하는 것입니다.

각 추상화 단계간의 간격은 일정합니다. 맨 왼쪽으로 갈수록 '개념화'를 이룰 수 있습니다. 맨 오른쪽에는 프로그램 소스 코드까지 기술할 수 있습니다. 글자 그대로 여러 단계의 추상화를 한 공간에서 실현할 수 있는 것입니다. 추상화 수준 0이 요구사항을 분석한 내용이라면 오른쪽으로 갈수록 개요 설계와 상세 설계를 거쳐 구현까지 자연스럽게 연계하여 병렬적으로 이해할 수 있습니다.

하나의 모델에서 분석, 개요 설계, 상세 설계, 구현을 한꺼번에 실현할 수 있다는 것은 무엇을 의미할까요? 당연히 공정 단계간의 직렬적 흐름에 의한 처리가 아니라, 분석, 개요 설계, 상세 설계, 구현을 한꺼번에 여러 차선(lane)을 가지고 병렬 처리(parallel process)하는 것이 가능함을 뜻합니다. 또한, 각 추상화 단계에서는 필요에 따라 순차적이거나 선택적이거나 반복적인 문제 해결 절차를 거칩니다. 예를 들어 '지킬 박사인지 확인하여 만난다.'라는 목적을 달성하기 위한 추상화 수준 2와 추상화 수준3은 각각 별도로 이해할 수도 있고, 아래와 같이 추상화 수준 2와 추상화 수준 3을 병합하여 파악할 수도 있습니다.

① 밤일 때의 논리 흐름   ② 낮일 때의 논리 흐름

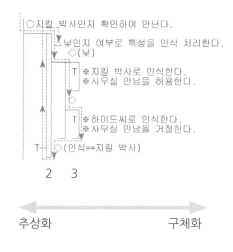
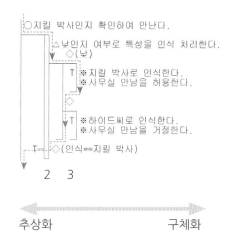

그런데 낮과 밤은 무 자르듯이 단 칼에 구분할 수 있는 것이 아니라, 아침을 거쳐서 낮으로 변화하고, 저녁을 거쳐서 밤으로 변화합니다. 따라서, 낮에는 지킬 박사로 인식하고, 밤에는 하이드씨로 인식한다면, 아침과 저녁의 일정 시간 동안에는 하이드씨가 지킬 박사로(아침) 또는 지킬 박사가 하이드씨로(저녁) 변화하는 상황을 인식하는 중간 단계를 생각할 필요가 있습니다. 이처럼 논리는 한 번 구성했다 하더라도 여러 경우의 수를 생각하는 과정에서 보완 작업이 필요해집니다. 바로 문제의 분해(decomposition)가 일어날 수 있습니다.

그러면 쏙(SOC)에서는 문제의 분해를 어떻게 할 수 있을까요? 아주 간단합니다. 문제를 분해하기 위해서는 우선 문제를 분해하기 위한 객관적인 기준을 정립할 필요가 있습니다. 예를 들어, 낮과 밤을 막연하게 떠올리기보다는 조도(照度, illumination)라는 측정 기준을 적용하면 객관적으로 구분할 수 있습니다. 조도란 어떤 특정한 면에 투사(投射)하는 빛의 속도를 해당 투사면의 면적으로 나눈 일종의 광속 밀도를 의미합니다.

통상적으로 해가 뜨거나, 해가 질 때의 조도를 400~500 룩스(lux)로 생각할 수 있으며 단위로는 [lx]로 표시합니다. 예를 들어, 아침과 저녁은 해가 뜨거나 지는 시점의 조도를 전후하여 생각해 볼 때, 100~1,000[lx]로 범위를 정했다면, 밤은 100[lx] 미만의 조도, 아침은 100~1,000[lx]의 범위에서 시간의 흐름에 따라 증가하는 조도, 낮은 1000[lx]를 초과하는 조도, 저녁은 100~1,000[lx]의 범위에서 시간의 흐름에 따라 감소하는 조도 등의 4가지로 분류할 수 있습니다. 이것을 문제의 분해에 적용하여 쏙(SOC)으로 표현하면 다음과 같습니다.

① 아침일 때의 논리 흐름   ② 낮일 때의 논리 흐름

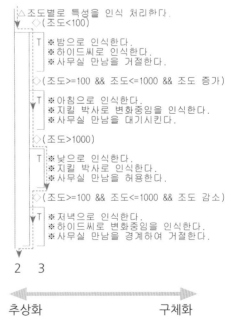

이제까지의 컴퓨팅 사고 기반의 문제 해결을 위한 논리 흐름의 진화 과정을 종합하여 나타내면 다음과 같습니다.

이처럼 컴퓨팅 사고를 통한 문제 해결을 위한 논리는 정적인 것이 아닙니다. 살아 움직이는 생물처럼 어느 시점에 만든 문제 해결 구조도 시간이 흐르면 보완을 해주어야 할 필요성이 생깁니다.

여기서 추상의 자동화라는 개념 적용의 필요성이 절실해집니다. 지넷 윙 교수는 컴퓨팅 사고에서 2개의 'A'에 주목했습니다. 하나는 Abstraction(추상화)이고, 또 하나는 Automation(자동화)입니다. 추상화(Abstraction)의 시각에서 컴퓨팅 사고는, 동시에 여러 추상화 계층의 관점으로 동작하며, 추상화 계층간의 관계를 정의합니다. 자동화(Automation)의 시각에서 컴퓨팅 사고는, 추상화 계층을 기계화 관점으로 생각하며, 표기법과 모델 등을 활용합니다.

쏙(SOC)은 이제까지 실제 예를 가지고 파악해 온 바와 같이, 현실 세계의 문제를 해결하기 위한 논리 흐름의 진화 과정에서 여러 추상화 계층의 관점으로 컴퓨팅 사고를 지원하고 있습니다. 또한, 정형화한 패턴을 통해 추상화 계층을 기계화하기 위한 표기법과 모델 체계를 확립한 상태에서 논리 흐름의 진화 과정을 공장에서 부품을 조립하는 것처럼 자동화하고 있습니다. 쏙(SOC)이라는 이름 자체만으로도 알 수 있듯이, 발음나는 그대로 패턴 부품을 쏙 집어넣었다가 쏙 빼낼 수 있어 조립 분해를 자동화하고 있음을 나타내어주고 있습니다. 또한 정형화한 패턴을 머리에 쏙쏙 인식하여 저장할 수 있습니다. 쏙(SOC : Structured Object Component)이라는 자체가 '구조화 객체 부품'이라는 공식적인 명칭을 가지고 있기는 하지만 실무에서는 발음하기도 정겨운 '쏙'이라고 부르는 것이 좋습니다.

요약하자면, 기존의 프로그래밍 언어는 모래알 같은 문자 형태로, 순서도는 1차원의 선 형태의 접근법을 사용함으로써 문제 해결을 위한 컴퓨팅 사고의 패턴 인식, 추상화, 분해, 알고리즘 개념의 지원에 한계가 있었습니다. 이해도 높은 표기법과 모델을 기반으로 하는 자동화 기술의 적용이 어려웠습니다. 하지만 쏙(SOC)과 이를 지원하는 도구인 새틀(SETL)은 컴퓨팅 사고에 초점을 맞춘 표기법과 모델링 방법을 사용합니다. 또한 새틀(SETL : Structured Efficiency TooL)이라는 자동화 도구의 지원을 받습니다.

대단히 복잡한 문제 해결을 위한 컴퓨팅 사고라 할지라도 손쉽게 접근하여 표현하고 파악함으로써 문제 해결을 지원합니다.

더 생각해 봅시다 ♬

자동화(automation)

우리 주위에서 현재 수작업으로 하는 것 중에서 미래에 꼭 자동화했으면 하는 사례를 들어보고, 필요성에 대해 토론해 보세요.

제2장

새틀(SETL)의 설치와 사용법

2.1 시각화 컴퓨팅 사고 지원 도구 새틀(SETL)의 소개

★ 새틀(SETL : Structured Efficiency TooL)이란?

새틀은 컴퓨터에 인간의 영리함을 불어넣어 창의적으로 문제를 해결하는 컴퓨팅 사고를 지원해주는 자동화 도구입니다. 새틀은 분석, 설계와 코딩을 융합하는 도구로 알고리즘의 패턴을 직관적으로 이해할 수 있도록 도와줍니다. 또한 조립식 소프트웨어 설계 부품인 쏙(SOC : Structured Object Component)을 사용하여 일관성 있는 안정적인 패턴 인식(pattern recognition)이 용이하도록 지원합니다. 기존의 프로그래밍 언어를 사용한 프로그램은 대부분 문자 중심으로 구성해나가는 형식으로, 프로그램의 개발 및 유지보수에 어려움을 겪어왔습니다. 새틀(SETL)은 기존의 문자 중심의 도구와는 달리, 새로운 차원에서 만들어진 시각적인 프레임(visual frame) 중심의 도구입니다.

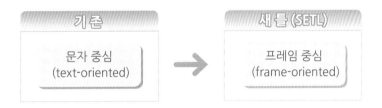

프로그램을 소스 코드 형태로 나타내지 않고, 쏙(SOC)과 같은 조립식 설계 패턴으로 나타낸 알고리즘을 우리는 시각화 알고리즘(visualized algorithm)이라고 합니다.

시각화 알고리즘을 표현하는 도구인 새틀(SETL)은 소프트웨어 알고리즘을 개념적으로 3차원 이상의 프레임워크를 가지고 자동화하여 표현합니다. 따라서 소프트웨어 알고리즘이 가시적인 속성을 가지도록 하여 컴퓨팅 사고를 지원합니다.

새틀(SETL)을 이용하면 시각화 알고리즘을 조립 및 분해 방식으로 공장 자동화하여 자유롭게 표현할 수 있으며, 이를 통해서 실 사회에서 해결해야 하는 다양한 문제에 대한 해법을 패턴화하고, 이를 축적하여 손쉽게 문제 해결에 활용할 수 있습니다.

쏙(SOC)의 기본 패턴을 이해하면 쉬워요 !

구조화 객체 부품인 쏙(SOC)으로 알고리즘을 시각적으로 표현하여 문제를 해결하고자 할 때에는 크게 정상적인 상황과 비정상적인 상황으로 구분하여 패턴을 만들어줄 수 있습니다.

정상적인 상황에서는 이음(순차, Sequence), 갈래(선택, Selection), 되풀이(반복, Iteration)의 3가지 제어 구조의 관점에서 접근하여 패턴을 세분화합니다. 비정상적인 상황에서는 비상과 이상의 2가지 제어 구조 관점에서 접근하되, 이상은 스스로 해결이 어려운 부분에 대한 대응이기 때문에 실제 프로그래밍할 때는 구현해주지만, 알고리즘 패턴의 표현에서는 제외합니다.

따라서 다음과 같이 정상계 9개 패턴, 비상계 1개 패턴 등 총 10가지 패턴을 기본으로 하여 시각화 알고리즘 표현에 적용합니다.

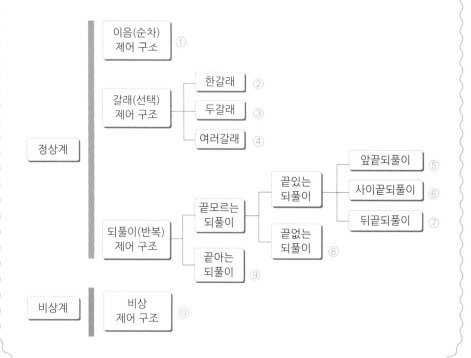

● 정상계 9개 패턴의 생김새를 살펴봅시다.

① 이음

□이음구조 목적
　　· 처리1
　　· 처리2

② 한갈래

△선택구조 목적
　◇(선택조건)
　T | · 처리

③ 두갈래

△선택구조의 목적
　◇(선택조건1)
　T | · 처리1
　◇(선택조건2)
　T | · 처리2

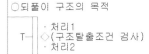

④ 여러갈래

△선택구조의 목적
　◇(선택조건1)
　T | · 처리1
　◇(선택조건2)
　T | · 처리2
　◇(선택조건3)
　T | · 처리3

⑤ 앞끝되풀이

○되풀이 구조의 목적
　T─◇(구조탈출조건 검사)
　　· 처리

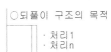

⑥ 사이끝되풀이

○되풀이 구조의 목적
　　· 처리1
　T─◇(구조탈출조건 검사)
　　· 처리2

⑦ 뒤끝되풀이

○되풀이 구조의 목적
　　· 처리
　T─◇(구조탈출조건 검사)

⑧ 끝없는되풀이

○되풀이 구조의 목적
　　· 처리1
　　· 처리n

⑨ 끝아는되풀이

○되풀이 구조의 목적
　◇(초기화, 반복조건, 증감값)
　　· 처리

● 비상계 1개 패턴의 생김새를 살펴봅시다.

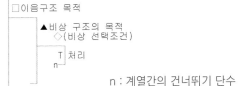

□이음구조 목적
　▲비상 구조의 목적
　　◇(비상 선택조건)
　　T | 처리
　n┘

n : 계열간의 건너뛰기 단수

2.2 새틀(SETL)의 설치 방법

 구조화 객체 부품인 '쏙(SOC)'을 기반으로 하는 소프트웨어 설계 자동화 지원도구인 '새틀(SETL)'을 설치하여 활용하면, 컴퓨팅 사고를 형성하는 생각의 논리 제어 패턴을 시각적으로 나타내어 문제를 해결하는 알고리즘을 파악하는 것이 매우 쉬워집니다.

 그럼, 먼저 쏙(SOC)을 지원하는 새틀(SETL)의 설치 방법을 알아볼까요?

[1단계] 압축 파일로 제공받은 "SETL_CT.zip" 파일을 내컴퓨터의 적정한 폴더에서 압축
         풀기를 합니다. 그러면 "SETL_CT" 폴더가 만들어집니다.

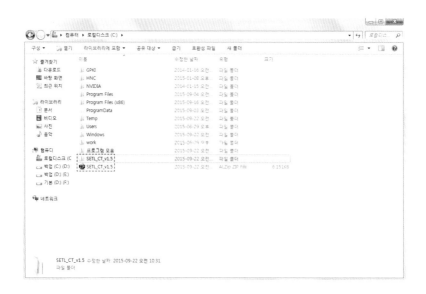

[2단계] 생성한 "SETL_CT" 폴더에서 setlct.exe 파일을 실행시킵니다.
         그러면 새틀(SETL)의 초기 화면이 나타날 것입니다.

새틀의 초기 화면의 팝업 다이얼로그에서 확인 버튼을 누르면 이제부터 새틀을
사용하실 수 있는 편집 모드로 들어갑니다.

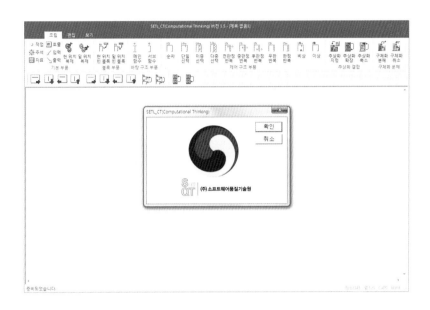

[3단계] SETL_CT프로그램을 처음 실행할 때, "보기" 메뉴에서 "편집 글꼴" 을 선택하여
글꼴이 '굴림체' 로 설정되어 있는지 확인합니다. 굴림체는 고정 폭을 가진 글자
체이므로 새틀을 가지고 설계를 할 때 선과 선의 연결이 어긋나지 않게 합니다.

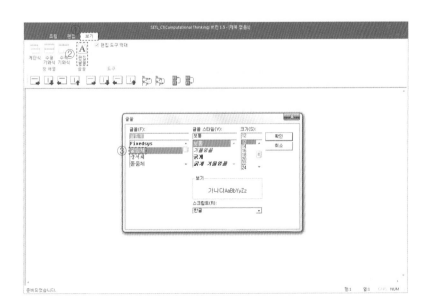

2.3 새틀(SETL)의 기본적인 사용법

새틀을 올바르게 설치하였나요?

그러면 이번에는 새틀을 사용하기 위한 기본 화면과 사용법을 알아보도록 하겠습니다.

새틀(SETL)의 메인 화면은 크게 메뉴, 편집 도구 막대, 작업 화면으로 나뉩니다.

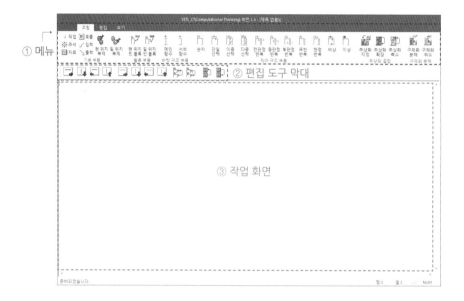

가. 메뉴

메뉴는 조립, 편집, 보기로 구성되어 있습니다.

다른 기능들은 일반 문서 작성 프로그램과 유사하므로, 새틀(SETL)만의 특별한 기능을 중심으로 설명하겠습니다.

새틀(SETL)의 중요 기능은 설계 처리 기능입니다.

설계 처리 작업을 위해서는 메뉴에서 "조립" 기능을 선택하면, '기본 부품', '블록 부품', '바탕 구조 부품', '제어 구조 부품', '추상화 결합', '추상화 분해' 기능을 사용할 수 있습니다.

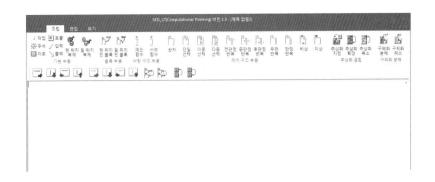

설계 처리 작업을 위한 "조립" 기능은 다음과 같습니다.

[1] 기본 부품

⌐	작업	: 일반적인 처리작업을 작성할 때 사용하는 부품
※	주석	: 컴파일이 되지 않는 주석을 작성할 때 사용하는 부품
☰	자료	: 자료를 나타낼 때 쓰는 부품
▦	호출	: 서브 함수를 호출하는 처리를 작성 할 때 사용하는 부품
╱	입력	: 입력처리 부분을 강조하여 작성 할 때 사용하는 부품 ('작업' 부품으로 대체 가능)
╲	출력	: 출력처리 부분을 강조하여 작성 할 때 사용하는 부품 ('작업' 부품으로 대체 가능)

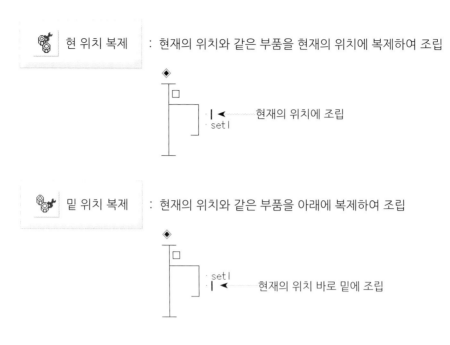

현 위치 복제 : 현재의 위치와 같은 부품을 현재의 위치에 복제하여 조립

밑 위치 복제 : 현재의 위치와 같은 부품을 아래에 복제하여 조립

[2] 블록 부품

현 위치 빈 블록 : 현재의 위치에 빈 블록 조립

밑 위치 빈 블록 : 현재 위치 바로 밑으로 빈 블록 조립

[3] 바탕 구조 부품

메인 함수 : 주 바탕(메인 함수) 구조 부품 조립

서브 함수 : 부 바탕(서브 함수) 구조 부품 조립

[4] 제어 구조 부품

순차	: 이음(순차) 제어 구조 부품 조립
단일 선택	: 한갈래(단일 선택) 제어 구조 부품 조립
이중 선택	: 두갈래(이중 선택) 제어 구조 부품 조립
다중 선택	: 여러갈래(다중 선택) 제어 구조 부품 조립
전판정 반복	: 앞끝되풀이(전판정 반복) 제어 구조 부품 조립
중판정 반복	: 사이끝되풀이(중판정 반복) 제어 구조 부품 조립
후판정 반복	: 뒤끝되풀이(후판정 반복) 제어 구조 부품 조립
무한 반복	: 끝없는되풀이(무한 반복) 제어 구조 부품 조립
한정 반복	: 끝아는되풀이(한정 반복) 제어 구조 부품 조립

 비상　　　　: 비상 제어 구조 부품 조립

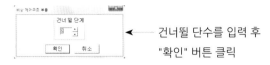

← 건너뛸 단수를 입력 후
"확인" 버튼 클릭

 이상　　　　: 이상 제어 구조 부품 조립

[5] 추상화 결합

 추상화 지정　　: 인접한 부품들을 모아서 새로운 제어 구조 부품으로
　　　　　　　　　추상화시켜 조립

 추상화 확장　　: 추상화 범위를 아래로 확장

 추상화 축소　　: 추상화 범위를 위로 축소

[6] 구체화 분해

 구체화 분해　　: 원하는 부품만을 구체화 분해 제거

 구체화 취소　　: 구체화 분해 제거를 행하기 이전의 상태로 되돌림

42

메뉴에서 "편집" 기능을 선택하면, '편집하기', '선 그리기', '선 지우기', '낱말 검색', '바탕 검색', '호출 검색' 기능을 사용할 수 있습니다.

'편집하기'와 '낱말 검색' 기능은 일반 문서 작성 프로그램과 같은 기능이므로, 나머지 기능을 중심으로 설명하겠습니다.

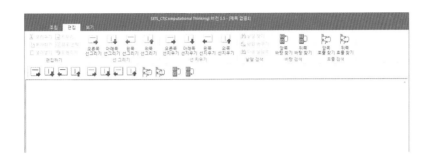

[1] 선 그리기

설계 처리한 내용을 편집하는 과정에서 선의 연결이 끊어져 다시 그려야 할 경우 한 칸씩 선을 그려 넣을 때 사용합니다.

오른쪽 선 그리기

아래쪽 선 그리기

왼쪽 선 그리기

위쪽 선 그리기

[2] 선 지우기

설계 처리한 내용을 편집하는 과정에서 필요 없는 선이 생길 경우 한 칸씩 선을 지울 때 사용합니다.

오른쪽 선 지우기

아래쪽 선 지우기

왼쪽 선 지우기 위쪽 선 지우기

[3] 바탕 검색

 앞쪽 바탕 찾기 : 동일한 파일 내에서 앞쪽에 있는 바탕 구조 찾기

 뒤쪽 바탕 찾기 : 동일한 파일 내에서 뒤쪽에 있는 바탕 구조 찾기

[4] 호출 검색

 앞쪽 호출 찾기 : 앞쪽으로 서브 함수 호출(■) 기호 찾아 가기

 뒤쪽 호출 찾기 : 뒤쪽으로 서브 함수 호출(■) 기호 찾아 가기

메뉴에서 "보기" 기능을 선택하면, '창 배열', '글꼴', '도구' 기능을 사용할 수 있습니다.

'창 배열'기능은 사용자의 필요에 따라 창의 배열방법을 선택하여 사용 할 수 있도록 합니다. '글꼴' 기능은 새틀 편집기에서 사용하는 화면 표시용 글꼴과 크기를 선택할 수 있고, '도구'는 편집 도구 막대를 표시하거나 감추는 기능을 가지고 있습니다.

나. 편집 도구 막대

편집 도구 막대는 소프트웨어의 조립·분해·추상화 작업을 수행할 때, 메뉴가 '조립'으로 선택된 상태에서 편집을 편리하게 하기 위해 '편집'의 주요 기능들을 모아 툴바 형식으로 나타낸 것입니다.

편집 도구 막대는 '보기' 메뉴의 '도구'에서 표시하거나 감추는 것을 선택할 수 있습니다.

다. 작업 화면

작업 화면은 새틀에서 실제 소프트웨어의 조립·분해·추상화 작업 등을 비롯한 설계 처리 작업을 행하는 영역입니다.

작업 화면은 실제 작업을 수행하는 작업 영역, 현재 작업 중에 있는 파일의 스크롤 상태를 제어하는 스크롤 상태 제어 영역, 작업을 진행함에 따라 변하는 상태를 나타내 주는 작업 상태 표시 영역으로 구성되어 있습니다.

새틀(SETL)을 사용하는데 필요한 화면 구성과 기본적인 사용법에 대해 알아보았습니다. 새틀(SETL)의 상세한 사용법은 소프트웨어품질기술원 홈페이지(www.softqt.com)에서 지속적으로 업데이트되는 내용을 참고하시면, 새틀(SETL)을 사용하시는데 많은 도움이 되실 것입니다.

아울러, 「새틀(SETL)을 이용한 시각화 SW 설계 자동화 방법론 / 유홍준 지음 / 소프트웨어품질기술원」을 참고하시면, 쏙(SOC)을 지원하는 설계 사상과 SW 설계 자동화 방법론을 더 깊이 습득하실 수 있습니다.

제3장

논리 기반 컴퓨팅 사고 연습

3.1 문제 해결의 기본 원리

★ 문제 해결이란?

해결해야 할 과제를 풀어 내어 일을 처리함을 의미합니다.

문제를 해결하기 위해서는 아무리 작은 것이라도 해결을 위한 창의적인 생각과 가시적인 표현이 중요합니다. 그것을 통해 그 원인을 정확히 파악할 수 있어야 문제를 쉽게 해결할 수 있기 때문입니다.

▶ 순서도의 문제 해결 논리 흐름

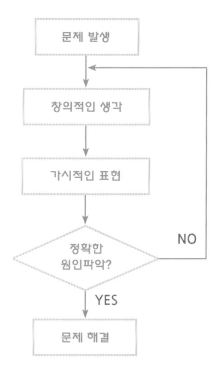

▶ 쏙(SOC)의 문제 해결 논리 흐름

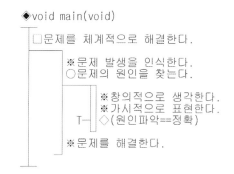

문제는 크게 긍정적(肯定的)인 문제와 부정적(否定的)인 문제로 나눌 수 있습니다.

문제적 성질을 요약하면 아래와 같습니다.

문 제	
부정적인 문제	긍정적인 문제
소극적이다.	적극적이다.
피동적이다.	능동적이다.
해결 못하면 장애가 발생한다.	해결 못하면 만족이 정체한다.
해결하면 불만을 줄이거나 해소한다.	해결하면 만족을 높이거나 창출한다.

부정적인 문제는 소극적이며 불만을 감소 또는 해소하는 문제로서 피동적이고, 긍정적인
문제라 함은 적극적이며 만족을 증대 또는 창출하는 문제로서 능동적이라 할 수 있습니다.

문제를 대할 때는 이러한 양면적 사고에 의한 접근이 필요합니다.

부정적인 문제는 다시 비상적인 문제와 이상적인 문제로 나눌 수 있습니다.

부정적 문제	
비상적 문제	이상적 문제
• 어떤 시스템(system) 스스로가 자력으로 해결할 수 있는 문제이다. • 예상하는 비상사태에 대비하여, 평소에 비상 행동 지침을 마련해 줌으로써 환경의 변화에 신속하게 대처할 수 있다.	• 어떤 시스템(system) 스스로가 자력으로 해결할 수 없는 문제이다. • 이러한 문제를 해결하기 위해서는, 타력에 의한 도움이 필요하다.

비상적인 문제는 시스템이 스스로 해결할 수 있는 문제입니다. 이상적인 문제는 시스템이 스스로 해결할 수 없는 문제입니다. 따라서 이상적인 문제를 해결해주기 위해서는 외부로부터 지원을 받거나, 시스템 내부에 오류 또는 예외를 전문적으로 처리해주는 별도의 프로세스를 만들어 주어야 합니다.

컴퓨팅 사고는 현실 세계의 문제를 해결함에 있어서 컴퓨터에 인간의 영리함을 불어넣어 접근하는 사고 능력을 의미합니다. 따라서, 문제에 대한 정의를 먼저 정확하게 이해해둘 필요가 있습니다.

 이런 표현도 가능해요 !

쏙(SOC)에서 '·'은 처리를 나타내고, '※'은 주석을 나타내는 기호입니다. 그래서 프로그램 언어로 프로그래밍을 한 후 컴파일을 할때, '·'으로 작성한 부분만 처리가 됩니다.

본 서에서는 향후 프로그램 언어와의 접목을 고려하여 '※'을 사용하여 작성하였으나, 컴퓨팅 사고만을 목적으로 한다면 '·'으로 작성해도 괜찮습니다.

예를 들어, 아래와 같이 표현할 수 있습니다.

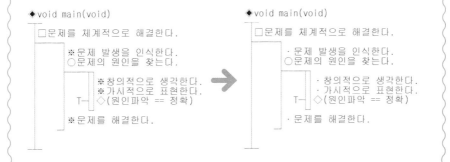

3.2 일상 생활의 문제 해결 절차 연습

★ 교통카드를 충전하는 과정을 생각해 볼까요?

기다리던
버스가 오네요~

삐-삐-!
잔액이 부족합니다.

에고~ 교통카드 충전은
미리미리 해놓아야겠네요~
그럼 충전하러 가볼까요?

52

★ 여러분이 생각한 교통카드 충전하는 과정을 쏙(SOC)으로 표현해 봅시다.

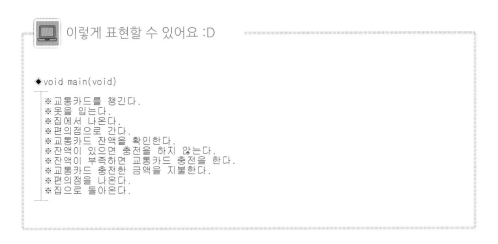

★ 완성한 쏙(SOC)에서 문제의 논리 흐름을 파악해 봅시다.

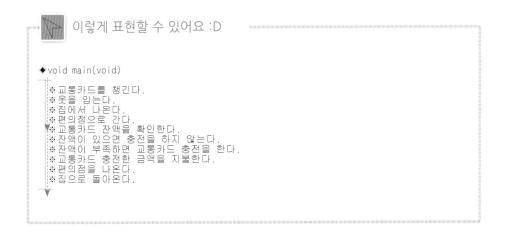

 잠깐 !

> ★ 컴퓨팅 사고의 관점에서는 정답도 진화시켜 나갈 수 있습니다.
>
> 자유롭게 생각을 확장해 보세요.

어려운가요? 저를 따라해 보세요~

[1단계]   '조립' 메뉴에서 '바탕 구조 부품'의 '메인 함수' 아이콘인  버튼을 클릭하여, 주
바탕(메인 함수) 구조 부품을 조립합니다.

[2단계]   '조립' 메뉴의 '기본 부품'에서 조립하려고 하는 부품을 클릭하여 조립합니다. '·' 부
품은 처리를 나타내며, '※' 부품은 주석을 나타냅니다.

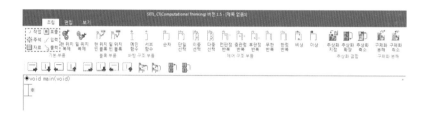

[3단계]   '※' 부품을 선택 후 내용을 입력합니다. 'Enter'키를 사용하여 다음 라인으로 확장
하여 내용을 계속 입력합니다. 한 번 조립한 바탕 구조 부품의 몸통 부분은 자동으
로 확장 및 축소시킬 수 있으므로 원하는대로 자유롭게 작성이 가능합니다.

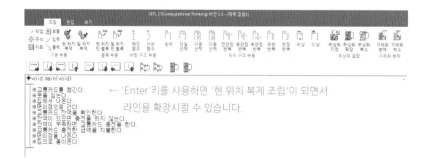

[4단계] 작성을 완료하면 파일을 확장자 '.ctsoc'으로 저장합니다.

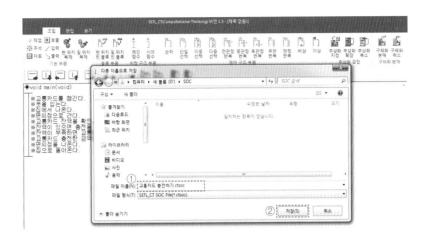

더 알아봅시다 ♬

추상화란?

⋯▸ 복잡한 사물 속에서 중요한 측면만을 부각시켜 표현하는 것

인간은 눈에 보이는 사물들을 요약하고 단순화하여 특징을 파악하는 선천적인 능력을 가지고 있습니다.

이러한 능력을 "추상화 능력"이라고 합니다.

특징을 추출할 수 있다는 것은 사물의 주목하고자 하는 부분을 명확화할 수 있다는 의미입니다.

추상화 연습을 통해 복잡한 아이디어를 정리하고 창의력을 키워봅시다!

특징 추출

더 연습해 볼까요?

문제 ①　부자의 꿈을 이루기 위한 목표 수립 과정을 쏙으로 작성해 봅시다.

※ 표현

 부자의 꿈을 이루기 위한 목표 달성을 위해 지금 당장 시작할 수 있는 일이 무엇인지 생각해봅시다. 또, 돈을 많이 버는 길만이 부자의 길인가도 다시 생각해보고 부자의 개념을 정립해 봅시다.

문제 ②   건강한 몸을 만들기 위한 다이어트 계획을 세우고 실천하는 과정을 쏙으로 표현해 봅시다.

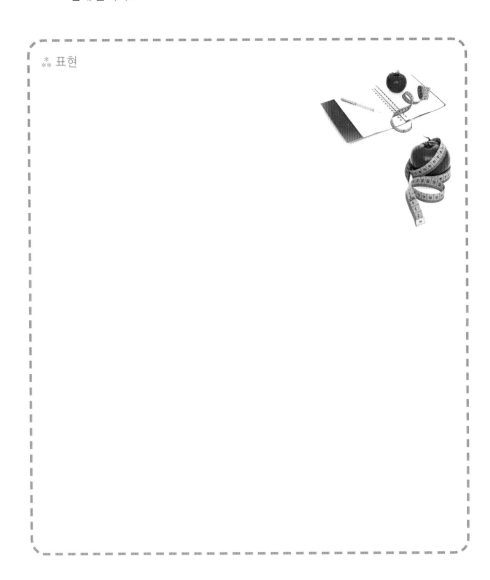

＊＊ 표현

 다이어트(diet)

다이어트란 건강을 위하여 운동이나 식사 제한으로 체중을 조절하는 것입니다. 날씬해지기 위해 굶거나 운동하는 것 이외에 어떠한 것들이 효과적일 수 있는지 생각해 봅시다.

문제 ③   친구와 함께 영화를 보는 과정을 쏙으로 표현하였습니다. 합리적인 행동 관점

에서 논리를 개선해 보세요.

```
◆void main(void)
    ※ 친구와 만날 영화관을 정한다.
    ※ 영화를 같이 볼 친구에게 연락한다.
    ※ 영화를 보기 위해 집을 나선다.
    ※ 영화관으로 간다.
    ※ 영화관에서 친구를 만난다.
    ※ 콜라와 팝콘을 구매한다.
    ※ 영화 관람 시간을 선택한다.
    ※ 관람할 영화를 선택한다.
    ※ 관람할 영화를 예매한다.
    ※ 상영관으로 들어간다.
    ※ 영화를 관람한다.
```

※※ 개선

 영화(cinema, movie)

영화는 토마스 에디슨이 발명한 '키네토스코프(kinetoscope)'라는 촬영 기

기를 뤼미에르 형제가 '시네마토그래프(cinematograph)'로 발전시킨 것입

니다. 여기서 '시네마(cinema)'라는 단어가 탄생합니다.

문제 ④   도서의 출판을 기획하는 과정을 쏙으로 표현하였습니다. 합리적인 행동 관점

에서 논리를 개선해 봅시다.

```
◆void main(void)
  ※ 책의 주제를 정한다.
  ※ 책의 글꼴과 글씨 크기 등 템플릿을 확정한다.
  ※ 책의 표지 디자인을 정한다.
  ※ 책의 제목을 정한다.
  ※ 책의 목차를 정의한다.
  ※ 책의 내용 구성을 정의한다.
  ※ 책의 주요 독자층을 결정한다.
  ※ 책의 가격을 정한다.
  ※ 출판 일정을 계획한다.
  ※ 출간 도서의 홍보 계획을 기획한다.


  ※※ 개선
```

문제 ⑤   다음은 인터넷에서 음원을 다운로드하는 과정을 쏙으로 나타낸 것입니다. 다운로드한 음원을 듣는 과정을 포함하도록 논리를 확장하여 쏙으로 완성해 보세요.

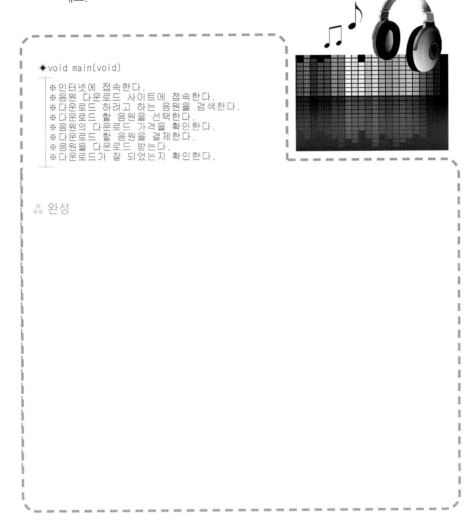

```
◆void main(void)
  ※인터넷에 접속한다.
  ※음원 다운로드 사이트에 접속한다.
  ※다운로드 하려고 하는 음원을 검색한다.
  ※다운로드 할 음원을 선택한다.
  ※음원의 다운로드 가격을 확인한다.
  ※다운로드 할 음원을 결제한다.
  ※음원을 다운로드 받는다.
  ※다운로드가 잘 되었는지 확인한다.


  ※ 완성
```

 저작권(copyright)

최근 음원 및 영상 등 불법 다운로드가 지속적인 문제를 일으키고 있습니다. 이것은 저작권법 위반으로 징역과 벌금 등으로 처벌받을 수 있는 범죄입니다. 합법적인 클린 음원 사이트 이용을 통해 저작권자의 지적재산권을 지키기 위한 사회적인 분위기 조성 방법을 토론해 봅시다.

문제 ⑥   배달 음식 주문 과정을 아래와 같이 쏙으로 나타내었습니다. 가족간에 먹고 싶은 음식이 다를 경우의 해결 방법을 포함하도록 논리를 확장하여 쏙으로 완성해 보세요.

```
◆void main(void)

   ※배달 음식 전단지를 모은다.
   ※배달시킬 음식 종류를 선택한다.
   ※배달시킬 음식점을 선택한다.
   ※배달시킬 음식점에 전화를 건다.
   ※배달 음식을 주문한다.
   ※주문한 음식을 확인한다.


※※ 표현
```

 배달앱(delivery app)

배달앱은 배달을 더 편리하게 하기 위해 탄생한 앱 입니다. 최근 대학생 몇몇이 모여 수수료 없는 착한 배달앱을 개발하여 화제가 되었습니다. 배달앱과 같은 창의적인 앱으로 어떠한 것들을 떠올릴 수 있을까요?

문제 ⑦　　저녁 식사를 위해 장보는 과정을 쏙으로 표현하였습니다. 그룹핑 할 수 있는

개념들을 묶어 추상화해 보세요.

◆void main(void)

　　※책꽂이로 간다.
　　※책꽂이에서 요리책을 찾는다.
　　※마음에 드는 음식 레시피를 고른다.
　　※레시피에 필요한 재료를 메모한다.
　　※작성한 재료 메모지를 들고 시장으로 간다.
　　※시장에서 좋은 재료를 고른다.
　　※고른 재료를 장바구니에 담는다.
　　※재료값을 지불할 결제 수단을 결정한다.
　　※재료값을 지불한다.
　　※재료를 들고 시장을 나온다.
　　※집으로 간다.
　　※집에 도착해서 재료를 확인한다.

※ 추상화

문제 ⑧   친구들끼리 키재는 과정을 쏙으로 표현하였습니다. 그룹핑할 수 있는 개념들
을 묶어 추상화해 보세요.

◆void main(void)

※키재기 자를 준비한다.
※키를 기록할 종이를 준비한다.
※친구들끼리 키를 잴 순서를 정한다.
※키재기 자에 발꿈치를 붙이고 선다.
※정확한 측정을 위해 자세를 바르게 한다.
※키재기 자의 눈금을 보고 키를 잰다.
※키를 기록한다.

※※ 추상화

 성장(growth)

성장이란 사람이나 동식물이 미숙한 상태에서 성숙한 상태로 점점 자라서
크는 것을 말합니다. 올바른 성장을 위해서는 척추와 골반이 휘지 않도록 바
른 자세를 유지하고 음식을 골고루 섭취하는 것이 중요하다고 합니다. 그외
에 어떠한 것들이 중요할지 생각해 봅시다.

문제 ⑨   등교 준비 과정을 추상화하여 쏙으로 표현해 보세요.

※ 표현

 메모

문제 ⑩   애완동물을 예방 접종하는 과정을 추상화하여 쏙(SOC)으로 표현해 보세요.

※ 표현

 애완동물(pet)

애완동물이란 개나 고양이와 같이 가까이 두고 귀엽게 기르는 동물을 말합
니다. 대표적 애완동물인 개와 고양이는 태어난지 9~12주가 지나면 면역
력이 약해집니다. 애완동물을 건강하게 키우려면 예방접종 이외에 어떤 방
안들이 있을지 찾아 봅시다.

3.3 논리의 분해와 결합 기반의 컴퓨팅 사고 연습

★ 도서관에서 원하는 책을 찾아 대여하고 싶어요. 어떻게 하면 될까요?

재미있는 책을
많이 읽고 싶어요! ^^

★ 여러분이 도서관에서 책을 찾아 대여하는 과정을 쏙(SOC)으로 표현해 봅시다.

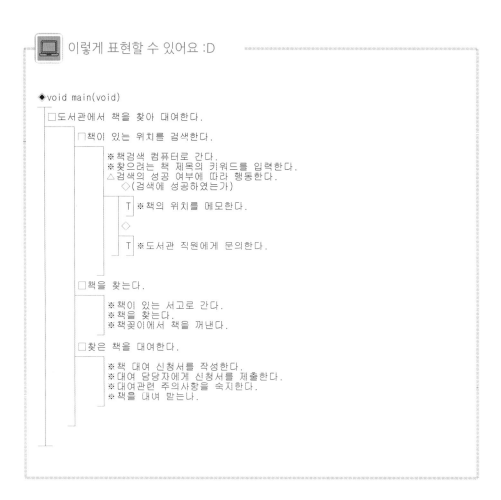

이렇게 표현할 수 있어요 :D

```
◆void main(void)
  □도서관에서 책을 찾아 대여한다.
      □책이 있는 위치를 검색한다.
          ※책검색 컴퓨터로 간다.
          ※찾으려는 책 제목의 키워드를 입력한다.
          △검색의 성공 여부에 따라 행동한다.
              ◇(검색에 성공하였는가)
           T  ※책의 위치를 메모한다.
              ◇
           T  ※도서관 직원에게 문의한다.

      □책을 찾는다.
          ※책이 있는 서고로 간다.
          ※책을 찾는다.
          ※책꽂이에서 책을 꺼낸다.

      □찾은 책을 대여한다.
          ※책 대여 신청서를 작성한다.
          ※대여 담당자에게 신청서를 제출한다.
          ※대여관련 주의사항을 숙지한다.
          ※책을 대여 받는다.
```

 잠깐 !

★ 발생할 수 있는 여러가지 상황들을 정리하여, 논리를 확장하는 방안을
생각해 보세요.

★ 완성한 쏙(SOC)에서 문제의 논리 흐름을 작성해 보세요.

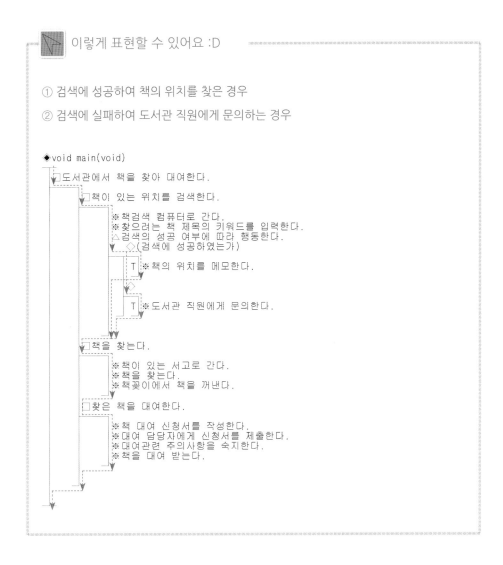
이렇게 표현할 수 있어요 :D

① 검색에 성공하여 책의 위치를 찾은 경우
② 검색에 실패하여 도서관 직원에게 문의하는 경우

◆void main(void)
  □도서관에서 책을 찾아 대여한다.
    □책이 있는 위치를 검색한다.
      ※ 책검색 컴퓨터로 간다.
      ※ 찾으려는 책 제목의 키워드를 입력한다.
      △검색의 성공 여부에 따라 행동한다.
        ◇(검색에 성공하였는가)
          T ※ 책의 위치를 메모한다.
          ◇
          T ※ 도서관 직원에게 문의한다.
    □책을 찾는다.
      ※ 책이 있는 서고로 간다.
      ※ 책을 찾는다.
      ※ 책꽂이에서 책을 꺼낸다.
    □찾은 책을 대여한다.
      ※ 책 대여 신청서를 작성한다.
      ※ 대여 담당자에게 신청서를 제출한다.
      ※ 대여관련 주의사항을 숙지한다.
      ※ 책을 대여 받는다.

메모

어려운가요? 저를 따라해 보세요~

[1단계] '조립' 메뉴에서 '바탕 구조 부품'의 '메인 함수' 아이콘인 ⬆ 버튼을 클릭하여, 주
바탕(메인 함수) 구조 부품을 조립합니다.

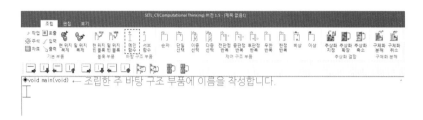

[2단계] 주 바탕 구조 부품의 몸통 부분에 '조립' 메뉴에서 '제어 구조 부품'의 '순차' 부품 조
립 아이콘인 ⬜ 버튼을 클릭하여 이음(순차) 제어 구조 부품을 조립합니다.

◆void main(void)
　□도서관에서 책을 찾아 대여한다. ← 이음 제어 구조의 목적을 작성합니다.
　　　　　　　　　　　　　　　　이 부분은 추상화의 가장 상위 단계이므로
　　　　　　　　　　　　　　　　프로그램의 전체 목적을 작성합니다.

◆void main(void)
　□도서관에서 책을 찾아 대여한다.
　　□책이 있는 위치를 검색한다. ← 이음 제어 구조 부품의 몸통 부분에는 기본 부품을
　　　　　　　　　　　　　　　　조립할 수도 있고, 제어 구조 부품을 덧붙여 조립할
　　　　　　　　　　　　　　　　수도 있습니다.

[3단계]   '조립' 메뉴의 '기본 부품'에서 '주석' 아이콘인 ※ 버튼을 클릭하여, '※' 부품을
          조립합니다.

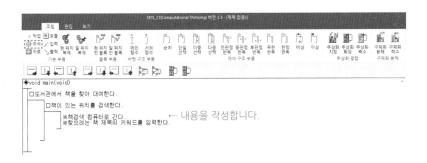

[4단계]   '조립' 메뉴에서 '블록 부품'의 '밑 위치 빈 블록' 아이콘인 버튼을 클릭하여, 빈
          블록을 조립하고, '제어 구조 부품'에서 '이중 선택' 부품 조립 아이콘인 버튼을
          클릭하여 두갈래(이중 선택) 제어 구조 부품을 조립합니다.

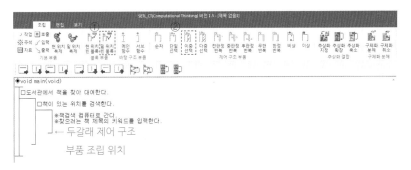

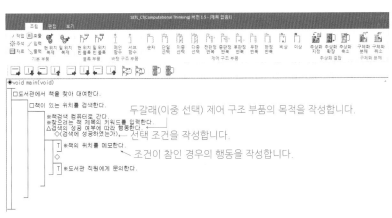

[5단계] 처음에 조립했던 이음(순차) 제어 구조의 몸통 부분에 조립하려고 하는 기본 부품이
나 제어 구조 부품을 조립하여 쏙을 완성해 나갑니다. 한 번 조립한 제어 구조 부품
의 몸통 부분은 자동으로 확장 및 축소가 되므로 원하는대로 자유롭게 작성이 가능
합니다. 작성을 완료하면 파일을 확장자 '.ctsoc'으로 저장합니다.

♬더 연습해 볼까요?

문제 ①   다음은 친구와 운동화를 사고 집으로 돌아가는 과정을 쏙으로 표현한 것입니다. 집으로 돌아가기 전에 커피를 마시는 상황을 추가하여 쏙을 완성해 보세요.

```
◆void mian(void)
   □친구와 운동화를 사서 집으로 온다.
      □친구와 쇼핑몰에서 만난다.
         ※전화로 친구와 만날 쇼핑몰과 시간을 정한다.
         ※외출 준비를 한다.
         ※버스정류장으로 간다.
         ※버스를 탄다.
         ※쇼핑몰 근처 버스정류장에서 내린다.
         ※쇼핑몰로 간다.
         ※친구와 만난다.
      □운동화를 산다.
         ※운동화 가게를 들어간다.
         ※마음에 드는 디자인을 고른다.
         ※직원에게 맞는 사이즈의 운동화를 요청한다.
         ※운동화를 신어본다.
         ※친구와 의견을 나눈다.
         ※운동화 가격을 지불한다.
         ※구입한 운동화를 들고 운동화 가게를 나온다.
      □집으로 온다.
         ※친구와 헤어진다.
         ※버스정류장으로 간다.
         ※버스를 탄다.
         ※집 근처 버스정류장에서 내린다.
         ※집으로 간다.
```

＊＊ 표현

문제 ②   초콜릿 케이크를 만들어 친구에게 선물하는 상황을 쏙으로 표현해 보세요.

   * 표현

디저트(dessert)

디저트는 식사의 끝 부분에 나오는 과자나 케이크 등의 후식을 뜻합니다. 디저트 중에서 선호하는 것들을 열거하고 특징을 비교해 보세요.

문제 ③ 다음은 시력검사를 한 후 안경을 맞추는 상황을 쏙으로 표현한 것입니다. 안경과 렌즈를 선택해 맞추는 상황을 추가하여 나타내 보세요.

```
◆void main(void)
  □시력검사 후 안경을 맞춘다.
      □안과에서 시력검사를 한다.

          ※안과에 간다.
          ※시력검사를 접수한다.
          ※시력검사를 받는다.
          ※시력검사 결과를 받는다.
          ※병원비를 지불한다.
      □안경을 맞춘다.

          △시력검사 결과에 따라 행동한다.
          ◇(안경이 필요한 시력인가)

        T ※안경점에 간다.
          ※안경사에게 시력검사표를 전달한다.
          ※안경테를 고른다.
          ※안경렌즈를 고른다.
          ※안경값을 지불한다.
          ※안경사에게서 안경을 받는다.
          ※안경을 써본다
          ※얼굴에 맞도록 안경모양을 조정한다.
          ※안경점에서 나온다.
          ◇

        T ※좋은 시력 유지를 위해 노력한다.
```

 시력(eyesight)

시력(視力)이란 사물을 광점의 구별을 통해 인식하는 눈의 능력을 의미합니다. 시력을 좋게 하기 위한 방법 중 눈동자를 위아래, 좌우로 굴려주는 습관을 쌓는 것 이외에 어떠한 방법이 있을지 생각해 봅시다.

※ 표현

문제 ④ 다음은 버스를 타고 경복궁에 가는 과정을 쪽으로 표현한 것입니다. 경복궁에 가기 위한 교통수단을 다양하게 선택할 수 있는 상황을 고려하여 쪽으로 논리를 확장해 보세요.

```
◆void main(void)
□버스를 타고 경복궁에 간다.
    □경복궁 가는 길을 확인한다.
        ※길찾기 앱을 실행시킨다.
        ※집에서 경복궁까지 가는 길을 검색한다.
        ※경복궁 가는 버스 노선을 확인한다.
        ※집에서 나온다.
    □버스를 타고 경복궁 앞으로 간다.
        ※버스 정류장으로 간다.
        ※경복궁 가는 버스를 탄다.
        ※버스를 타고 경복궁 근처 정류장까지 이동한다.
        ※경복궁 근처 버스정류장에서 내린다.
        ※경복궁 방향으로 걷는다.
    □경복궁에 도착하여 입장한다.
        ※경복궁에 도착한다.
        ※매표소에서 표를 끊는다.
        ※경복궁에 입장한다.
```

경복궁 경회루

경복궁 경회루(景福宮 慶會樓)

경회루는 경복궁의 서북쪽 연못에 있는 누각(국보 제224호)으로 조선 시대에 나라의 경사가 있을 때 연회를 베풀거나 외국 사신을 접대하기 위한 곳이었다고 합니다. 경복궁에는 경회루 이외에 무엇이 있을까요?

⁂ 표현

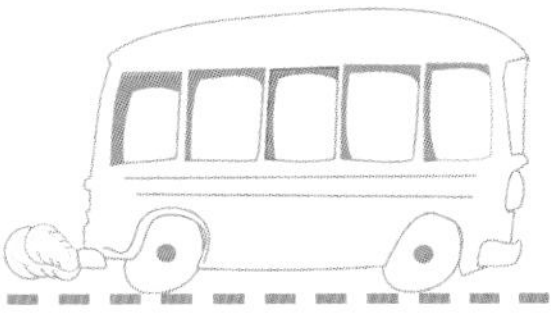

문제 ⑤   빠른 골목길과 안전한 자전거 도로를 선택하여 자전거를 타고 등교하는 과정을 쏙으로 표현해 보세요.

✽✽ 표현

 자전거로 등교하는 과정의 비상 상황을 생각해 봅시다.

⋯ 돌에 걸려 넘어졌을 경우

⋯ 자전거 체인이 빠졌을 경우

문제 ⑥   다음은 유리창을 닦는 상황을 쏙으로 표현한 것입니다. 얼룩이 없어질 때까지

걸레를 빨아가며 유리창을 닦는 상황을 추가하여 쏙으로 표현해 보세요.

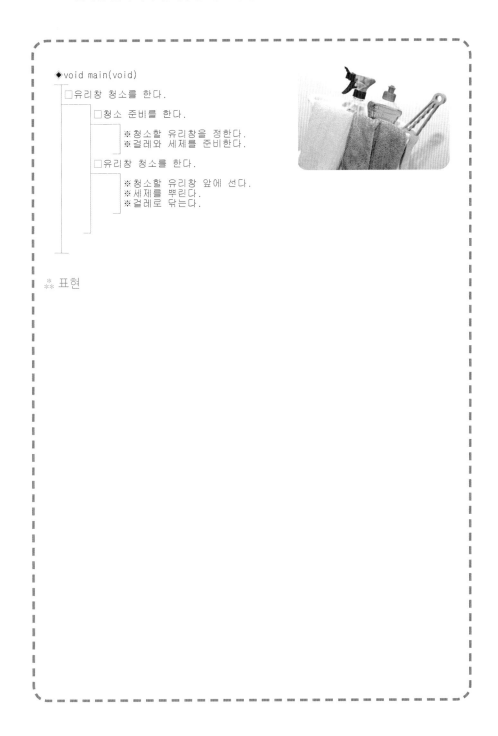

```
◆void main(void)
  □유리창 청소를 한다.
        □청소 준비를 한다.
              ※청소할 유리창을 정한다.
              ※걸레와 세제를 준비한다.
        □유리창 청소를 한다.
              ※청소할 유리창 앞에 선다.
              ※세제를 뿌린다.
              ※걸레로 닦는다.


  ※ 표현
```

 되풀이 제어 구조! 앞에서 배운 것 잊지 않았지요?

- 앞끝되풀이

  (전판정 반복)

  ○구조의 목적

  T─◇(구조 탈출조건 검사)
  · 처리

- 사이끝되풀이

  (중판정 반복)

  ○구조의 목적

  T─· 처리 1
  ◇(구조 탈출조건 검사)
  · 처리 2

- 뒤끝되풀이

  (후판정반복)

  ○구조의 목적

  T─· 처리
  ◇(구조 탈출조건 검사)

- 끝없는되풀이

  (무한 반복)

  ○구조의 목적

  · 처리 1
  · 처리 n

- 끝아는되풀이

  (한정 반복)

  ○구조의 목적

  ◇(제어변수 초기화, 반복조건, 제어변수값 변경)
  · 처리

문제 ⑦   다음은 갯벌에서 맛조개를 잡는 상황을 쏙으로 표현한 것입니다. 맛조개를 잡

을 때까지 계속 시도하는 상황을 쏙으로 표현해 보세요.

◆void main(void)
  □갯벌에서 맛조개를 잡는다.
    □맛조개를 잡기 위한 준비를 한다.
      ※밀물과 썰물시간을 확인한다.
      ※맛조개 잡는 방법을 숙지한다.
      ※맛소금, 삽, 양동이를 준비한다.
      ※갯벌에서 입을 옷으로 갈아입는다.
    □갯벌로 들어가 맛조개를 잡는다.
      ※갯벌안으로 들어간다.
      ※구멍을 찾는다.
      ※구멍이 있는 갯벌의 흙을 삽으로 살짝 떠낸다.
      ※구멍안으로 맛소금을 넣는다.
      ※맛조개가 나올때까지 기다린다.
      ※맛조개가 위로 올라오는 순간 잡아서 위로 들어올린다.
      ※잡은 맛조개를 양동이에 넣는다.

  ※ 표현

03 논리 기반의 컴퓨팅 사고 연습

 갯벌(foreshore)

갯벌은 밀물 때 물에 잠겼다가 썰물 때 드러나는 모래톱이나 점토질의 평탄한 땅을 뜻합니다. 생물의 보물 창고, 자연 재해를 막는 스펀지, 오염 물질의 정화 이외에 갯벌이 가진 기능을 생각해 봅시다.

문제 ⑧   휘트니스 센터에서 땀이 충분히 날 때까지 운동하는 과정을 쏙으로 표현해 보
세요.

※ 표현

85

문제 ⑨   다음은 동물원에 놀러가서 관람을 하는 상황을 쏙으로 표현한 것입니다. 관람

도중에 갑자기 곰이 탈출하는 비상 상황이 발생했을 때의 행동을 쏙으로 표현

해 보세요.

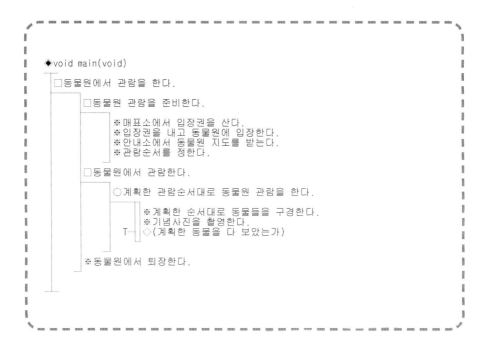

 동물원 관람 에티켓 10계명(출처: 서울대공원)의 이유는 무엇일까요?

01 사람이 먹는 음식이나, 주변의 풀을 먹으면 동물이 아파요.

02 자는 동물을 깨우지 않게 조용히 관람하세요.

03 동물 우리에 가까이 가면 물리거나 다칠 수 있어요.

04 돌이나 쓰레기를 던지면 동물이 위험해져요.

05 사진을 찍을 때는 플래시를 꺼주세요.

06 동물은 눈으로만 관람해 주세요.

07 혼자만 있는 동물은 이유가 있어요.

08 사육사노트와 설명판을 먼저 읽고 관람하세요.

09 동물원 관람시간을 꼭 지켜주세요.

10 동물을 사랑하는 어른들의 모습을 보여주세요.

✳✳ 표현

문제 ⑩   친구집에 가서 피자를 시켜먹는 상황을 쏙으로 표현한 것입니다. 친구집으로

가기 위해 필요한 교통카드의 잔액이 부족하고, 교통비를 낼 현금도 없는 비상

상황이 발생한 경우를 쏙으로 표현해 보세요.

✳✳ 표현

문제 ⑪   가족과 함께 수영장에 갔는데, 수영복을 가져오지 않은 비상 상황이 발생할 경우를 쏙으로 표현해 보세요.

03 쏙 논리적 사고 훈련

※ 표현

잠시 쉬어갈까요?

도형 개수 구하기

아래 그림에서 크고 작은 직사각형은 모두 몇 개일까요?

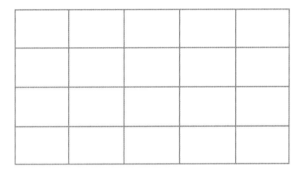

▶ 정답

먼저 가로로 놓인 5개의 직사각형의 개수를 셉니다.

1개짜리 직사각형 5 개,

2개짜리 직사각형 4 개

3개짜리 직사각형 3 개

4개짜리 직사각형 2 개

5개짜리 직사각형 1 개

가로로 놓인 직사각형의 개수는 5 + 4 + 3 +2 + 1 =15 개

세로로 놓인 4개의 작은 사각형 모양의 도형에서 찾을 수 있는 직사각형의 개수

는 4 + 3+ 2 + 1 = 10 개입니다.

따라서 직사각형의 개수는 가로로 놓인 직사각형의 개수와 세로로 놓인 직사각

형의 개수를 곱해 구할 수 있으므로

모두 15 X 10 = 150 개입니다.

3.4 컴퓨팅 사고 논리의 융합을 통한 문제 해결 실습

★ 지하철을 타고 서울역으로 가려면 어떻게 해야 할까요?

저를 따라오세요~

★ 여러분이 지하철을 타고 서울역으로 가는 과정을 쏙(SOC)으로 표현해 봅시다.

💻 이렇게 표현할 수 있어요 :D

```
◆void main(void)
  □지하철을 타고 서울역으로 간다.
    □지하철역으로 간다.
      △집에서 지하철 역까지의 거리에 따라 행동한다.
        ◇(도보로 가능한 거리인가)
      T  ※지하철역 앞까지 걸어간다.
        ◇(버스를 타고 가야하는 거리인가)
      T  ※버스 정류장으로 간다.
         ※지하철 역으로 가는 버스를 탄다.
         ○지하철 역 앞 정류장까지 버스로 이동한다.
               ※목적지까지 버스를 타고 있는다.
           T─  ◇(지하철 역 앞 버스 정류장에 도착했는가)
         ※버스에서 내린다.
      ※지하철 역 안으로 들어간다.
    □지하철을 타고 서울역까지 간다.
      ※지하철 개찰구에 교통카드 태그한다.
      △교통카드 잔액이 부족한 경우 행동한다.
        ◇(교통카드 잔액이 부족한가)
      T  ▲교통카드를 충전할 현금이 없을 경우의 처리
           ◇(교통카드를 충전할 현금이 없는가)
         T  ※서울역으로 가는 것을 포기한다.
         4
         ※교통카드를 충전한다.
         ※지하철 개찰구에 교통카드 태그한다.
      ※지하철 승강장으로 들어간다.
      ※서울역 방향 지하철을 탄다.
      ○서울역까지 지하철로 이동한다.
            ※지하철을 타고 있는다.
        T─  ◇(서울역에 도착했는가)
      ※지하철에서 내린다.
    □역 밖으로 나온다.
      ※지하철 승강장에서 개찰구로 간다.
      ※지하철 개찰구에 교통카드를 태그한다.
      ※지하철 역에서 밖으로 나온다.
```

★ 완성한 쏙(SOC)에서 문제의 논리 흐름을 작성해 봅시다.

이렇게 표현할 수 있어요 :D

① 지하철역까지 도보가 가능한 경우의 논리 흐름

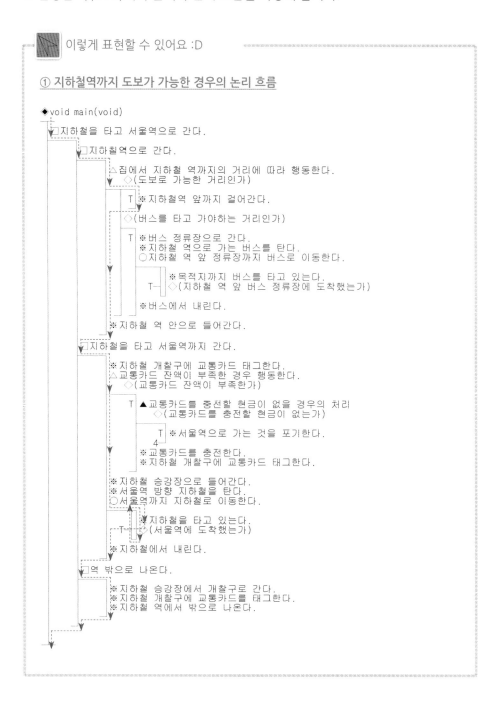

◆void main(void)
　☐지하철을 타고 서울역으로 간다.
　　☐지하철역으로 간다.
　　　△집에서 지하철 역까지의 거리에 따라 행동한다.
　　　　◇(도보로 가능한 거리인가)
　　　　　T ※지하철역 앞까지 걸어간다.
　　　　◇(버스를 타고 가야하는 거리인가)
　　　　　T ※버스 정류장으로 간다.
　　　　　　※지하철 역으로 가는 버스를 탄다.
　　　　　　○지하철 역 앞 정류장까지 버스로 이동한다.
　　　　　　　　※목적지까지 버스를 타고 있는다.
　　　　　　　T┤◇(지하철 역 앞 버스 정류장에 도착했는가)
　　　　　　※버스에서 내린다.
　　　　△지하철 역 안으로 들어간다.
　　☐지하철을 타고 서울역까지 간다.
　　　※지하철 개찰구에 교통카드 태그한다.
　　　△교통카드 잔액이 부족한 경우 행동한다.
　　　　◇(교통카드 잔액이 부족한가)
　　　　　T ▲교통카드를 충전할 현금이 없을 경우의 처리
　　　　　　◇(교통카드를 충전할 현금이 없는가)
　　　　　　　T ※서울역으로 가는 것을 포기한다.
　　　　　　　4
　　　　※교통카드를 충전한다.
　　　　※지하철 개찰구에 교통카드 태그한다.
　　　※지하철 승강장으로 들어간다.
　　　※서울역 방향 지하철을 탄다.
　　　○서울역까지 지하철로 이동한다.
　　　　　※지하철을 타고 있는다.
　　　　T┤◇(서울역에 도착했는가)
　　　※지하철에서 내린다.
　　☐역 밖으로 나온다.
　　　※지하철 승강장에서 개찰구로 간다.
　　　※지하철 개찰구에 교통카드를 태그한다.
　　　※지하철 역에서 밖으로 나온다.

② 지하철 역까지 버스를 이용해야 하는 경우의 논리 흐름

◆void main(void)

▽지하철을 타고 서울역으로 간다.

　□지하철역으로 간다.

　　△집에서 지하철 역까지의 거리에 따라 행동한다.
　　　◇(도보로 가능한 거리인가)

　　　T ※지하철역 앞까지 걸어간다.

　　　◇(버스를 타고 가야하는 거리인가)

　　　T ※버스 정류장으로 간다.
　　　　※지하철 역으로 가는 버스를 탄다.
　　　　○지하철 역 앞 정류장까지 버스로 이동한다.

　　　　　※목적지까지 버스를 타고 있는다.
　　　T　◇(지하철 역 앞 버스 정류장에 도착했는가)

　　　※버스에서 내린다.

　　※지하철 역 안으로 들어간다.

　□지하철을 타고 서울역까지 간다.

　　※지하철 개찰구에 교통카드 태그한다.
　　△교통카드 잔액이 부족한 경우 행동한다.
　　　◇(교통카드 잔액이 부족한가)

　　　T ▲교통카드를 충전할 현금이 없을 경우의 처리
　　　　◇(교통카드를 충전할 현금이 없는가)

　　　　T ※서울역으로 가는 것을 포기한다.
　　　　4
　　　※교통카드를 충전한다.
　　　※지하철 개찰구에 교통카드 태그한다.

　　※지하철 승강장으로 들어간다.
　　※서울역 방향 지하철을 탄다.
　　○서울역까지 지하철로 이동한다.

　　　※지하철을 타고 있는다.
　　T　◇(서울역에 도착했는가)

　　※지하철에서 내린다.

　□역 밖으로 나온다.

　　※지하철 승강장에서 개찰구로 간다.
　　※지하철 개찰구에 교통카드를 태그한다.
　　※지하철 역에서 밖으로 나온다.

③ 지하철 역까지 버스를 이용하고, 교통카드를 충전해야 하는 경우의 논리 흐름

③-1 현금이 있는 경우 / ③-2 현금이 없는 경우

◆void main(void)

☑지하철을 타고 서울역으로 간다.

　☑지하철역으로 간다.

　　△집에서 지하철 역까지의 거리에 따라 행동한다.
　　　◇(도보로 가능한 거리인가)

　　　　T ※지하철역 앞까지 걸어간다.

　　　◇(버스를 타고 가야하는 거리인가)

　　　　T ※버스 정류장으로 간다.
　　　　　※지하철 역으로 가는 버스를 탄다.
　　　　　○지하철 역 앞 정류장까지 버스로 이동한다.
　　　　　　※목적지까지 버스를 타고 있다.
　　　　　T◇(지하철 역 앞 버스 정류장에 도착했는가)
　　　　※버스에서 내린다.

　　※지하철 역 안으로 들어간다.

　☑지하철을 타고 서울역까지 간다.

　　※지하철 개찰구에 교통카드 태그한다.
　　△교통카드 잔액이 부족한 경우 행동한다.
　　　◇(교통카드 잔액이 부족한가)

　　　　T▲교통카드를 충전할 현금이 없을 경우의 처리
　　　　　◇(교통카드를 충전할 현금이 있는가)

　　　　　　T ※서울역으로 가는 것을 포기한다.
　　　　　　.4
　　　　※교통카드를 충전한다.
　　　　※지하철 개찰구에 교통카드 태그한다.

　　※지하철 승강장으로 들어간다.
　　※서울역 방향 지하철을 탄다.
　　○서울역까지 지하철로 이동한다.
　　　※지하철을 타고 있다.
　　T◇(서울역에 도착했는가)
　　※지하철에서 내린다.

　☑역 밖으로 나온다.

　　※지하철 승강장에서 개찰구로 간다.
　　※지하철 개찰구에 교통카드를 태그한다.
　　※지하철 역에서 밖으로 나온다.

어려운가요? 저를 따라해 보세요~

[1단계] '조립' 메뉴에서 '바탕 구조 부품'의 '메인 함수' 아이콘인 ↥ 버튼을 클릭하여, 주 바탕(메인 함수) 구조 부품을 조립합니다.

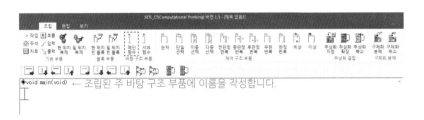

[2단계] 주 바탕 구조 부품의 몸통 부분에 '조립' 메뉴에서 '제어 구조 부품'의 '순차' 부품 조립 아이콘인 ☐ 버튼을 클릭하여 이음(순차) 제어 구조 부품을 조립합니다.

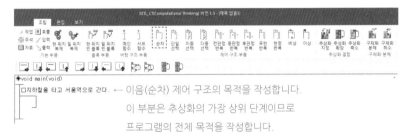

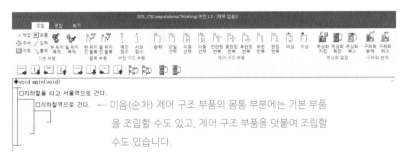

[3단계] 이음 제어 구조 부품의 몸통 부분에 '제어 구조 부품'에서 '이중 선택' 부품 조립 아이콘인 [버튼] 버튼을 클릭하여 두갈래 제어 구조 부품을 조립합니다.

[4단계] '조립' 메뉴에서 '블록 부품'의 '밑 위치 빈 블록' 아이콘인 [버튼]버튼을 클릭하여, 빈 블록을 조립하고, '제어 구조 부품'에서 '후판정 반복' 부품 조립 아이콘인 [버튼] 버튼을 클릭하여 뒤끝되풀이(후판정 반복) 제어 구조 부품을 조립합니다.

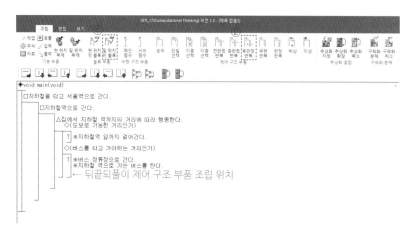

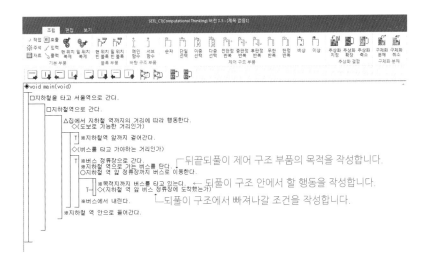

[5단계] 조립했던 제어 구조의 몸통 부분에 조립하려고 하는 기본 부품이나 제어 구조 부품을 조립하여 쪽을 완성해 나갑니다. 한 번 조립한 제어 구조 부품의 몸통 부분은 자동으로 확장 및 축소가 가능하므로 원하는대로 자유롭게 작성할 수 있습니다.

[6단계] '조립' 메뉴에서 '제어 구조 부품'의 '비상' 아이콘인 📱 버튼을 클릭하고, 건너 뛸 단계를 입력하면 비상 제어 구조 부품을 조립할 수있습니다.

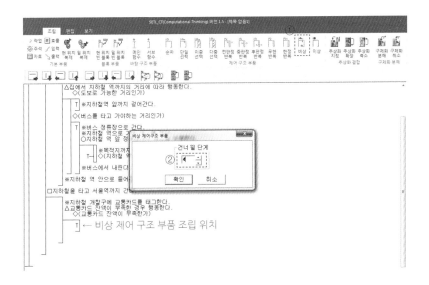

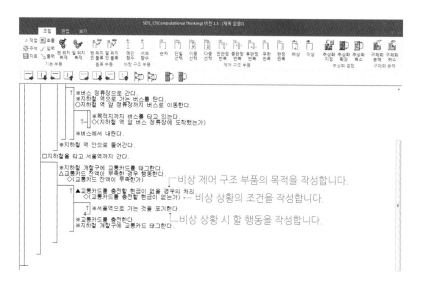

비상 제어 구조 부품의 목적을 작성합니다.

← 비상 상황의 조건을 작성합니다.

└─비상 상황 시 할 행동을 작성합니다.

[7단계] 작성을 완료하면 파일을 확장자 '.ctsoc'으로 저장합니다.

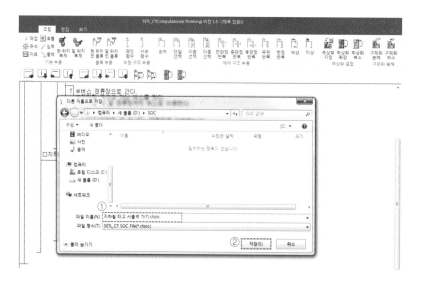

♬더 연습해 볼까요?

문제 ①　　다음은 더운 여름 아이스크림을 먹는 과정을 쏙으로 표현한 것입니다. 다음의
　　　　　상황을 고려하여 문제를 해결하는 과정을 쏙으로 표현해 보세요.

> 상황 1　아이스크림을 하나 먹고도 시원함을 느낄 수 없을 경우, 해결 방법
> 을 찾는다.
>
> 상황 2　배탈이 났을 경우, 해결 방법을 찾는다.
> 　　　　(생명이 위태로울 만큼의 비상 상황은 아님을 고려)

```
◆void main(void)
□아이스크림가게에서 아이스크림을 먹는다.

  ※아이스크림 가게로 간다.
  □아이스크림을 구입하여 먹는다.

    ※아이스크림을 고른다.
    ※아이스크림 값을 지불한다.
    ※아이스크림을 먹는다.
```

　불쾌지수(discomfort index)

불쾌지수란 기온이나 습도 등으로 인해 불쾌한 느낌이 드는 정도를 수치로
나타낸 것을 의미합니다. 통상적으로 여름과 같이 날씨가 덥고 습도가 높아
지면 불쾌지수가 높아져 짜증과 스트레스가 많아집니다. 불쾌지수가 올라갈
경우에 이를 해소하거나 줄일 수 있는 방안으로는 어떤 것들이 있을지 생각
해 봅시다.

✳✳ 표현

문제 ②   다음은 집에서 책을 보는 과정을 쏙으로 표현한 것입니다. 다음의 상황을 고려

하여 문제를 해결하는 과정을 쏙으로 표현해 보세요.

상황 1   내일의 일정을 고려하여 책 읽는 시간을 조정한다.

상황 2   집에 정전이 일어날 경우, 해결 방법을 찾는다.

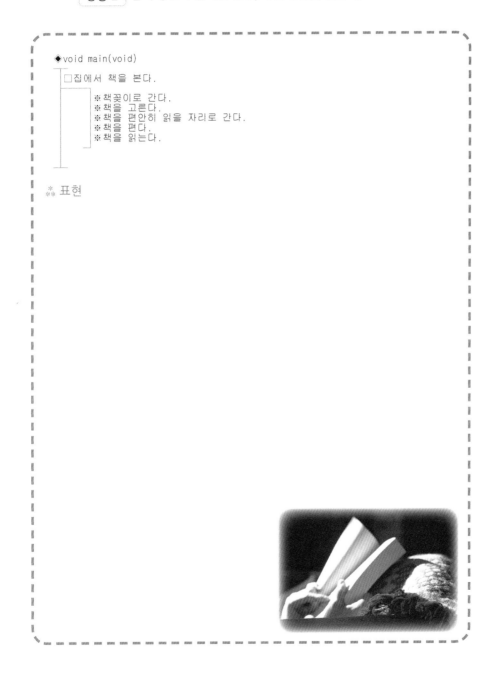

```
◆void main(void)
  □집에서 책을 본다.
      ※ 책꽂이로 간다.
      ※ 책을 고른다.
      ※ 책을 편안히 읽을 자리로 간다.
      ※ 책을 편다.
      ※ 책을 읽는다.


  ※※ 표현
```

 Reading is to the mind what exercise is to the body.

독서가 정신에 미치는 효과는 운동이 신체에 미치는 효과와 같다.

-리처드 스틸-

문제 ③   다음은 공원을 산책하는 상황을 쏙으로 표현한 것입니다. 다음의 상황을 고려

하여 문제를 해결하는 과정을 쏙으로 표현해 보세요.

상황 1   산책 중에 지갑을 주웠을 경우, 대처 방법을 찾는다.

상황 2   산책 중 옛날 애인을 만났을 경우, 대처 방법을 찾는다.

```
◆void main(void)
  □공원에서 산책한다.
      ※공원으로 간다.
      ○공원을 산책한다.
          ※공원을 걸어다니며 산책한다.
      T─│◇(산책이 끝났는가)
      ※집으로 간다.


※※ 표현
```

 산책을 하면서 겪을 수 있는 다양한 상황들을 더 생각해보세요.

상상력은 논리력과 창의력에 도움을 줍니다. ^^

문제 ④　　다음은 수학 성적 95점을 목표로 공부하는 과정을 쏙으로 표현한 것입니다.

다음의 상황을 고려하여 문제를 해결하는 과정을 쏙으로 표현해 보세요.

상황 1　공부 중 모르는 문제가 나올 경우, 대처 방법을 찾는다.

상황 2　스스로 모의고사를 보고 95점이 넘을 때까지 계속해서 노력한다.

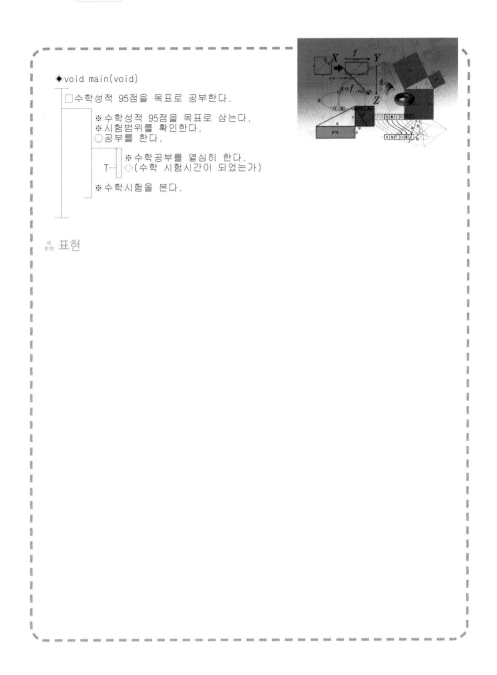

◆void main(void)
　□수학성적 95점을 목표로 공부한다.
　　※수학성적 95점을 목표로 삼는다.
　　※시험범위를 확인한다.
　　○공부를 한다.
　　　※수학공부를 열심히 한다.
　T─　◇(수학 시험시간이 되었는가)
　　※수학시험을 본다.

※ 표현

03 논리적인 컴퓨팅 사고 연습

메모

문제 ⑤　다음은 약속 장소에서 휴대 전화로 전화를 걸어 친구와 만나는 과정을 쏙으로

표현한 것입니다. 다음의 상황을 고려하여 문제를 해결하는 과정을 쏙으로 표

현해 보세요.

상황 1　휴대 전화 배터리가 없을 경우, 대처 방안을 찾는다.

상황 2　휴대 전화를 잃어버렸을 경우, 대처 방안을 찾는다.

 스마트 폰 중독의 심각성

스마트 폰은 언제 어디서든 간단히 정보를 얻을 수 있으며, 친목 도모의 수
단으로 너무나 편리한 기기입니다. 그러나 '손 안의 마약'이라는 별칭이 있
을 정도로 중독이 심각합니다. 청소년 중에도 스마트 폰 중독자가 많다고 합
니다. 스마트 폰 중독을 막는 효과적인 방법으로는 어떠한 것들이 있는지 토
론해 봅시다.

문제 ⑥   다음은 친구와 함께 여름 휴가를 가는 과정을 쏙으로 표현한 것입니다. 다음의

상황을 고려하여 문제를 해결하는 과정을 쏙으로 표현해 보세요.

상황 1   휴가지의 숙소 예약이 어려울 경우, 해결 방법을 찾는다.

상황 2   휴가를 가기 전날, 같이 가기로 한 친구가 함께 갈 수 없다고 할

경우, 대처 방법을 찾는다.

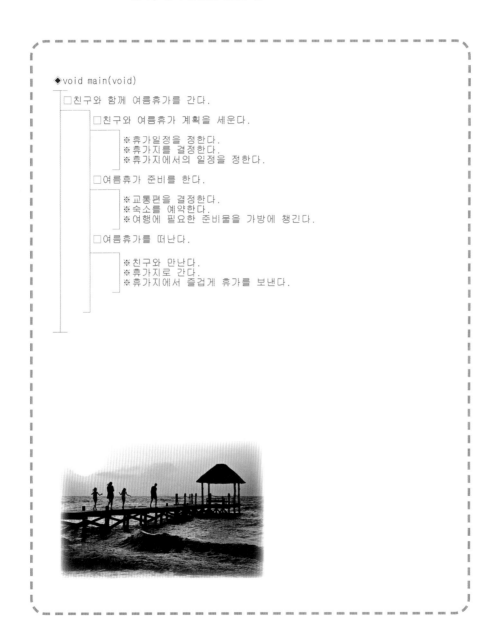

** 표현

문제 ⑦   다음은 저수지에서 낚시를 하는 과정을 쏙으로 표현한 것입니다. 다음의 상황을
고려하여 문제를 해결하는 과정을 쏙으로 표현해 보세요.

상황 1   옆 자리 사람은 물고기를 계속 잡는데 나는 한 마리도 못잡았을 경우,
대처 방법을 찾는다.

상황 2   낚시 도중 미끼가 다 떨어졌을 경우, 대처 방법을 찾는다.

상황 3   낚시 도중 낚시 바늘이 돌에 걸렸을 경우, 대처 방법을 찾는다.

```
◆void main(void)
  □저수지에서 낚시를 한다.
      □낚시 준비를 한다.
          ※낚시할 장소를 정한다.
          ※낚시도구를 꺼내어 늘어놓는다.
          ※미끼를 준비한다.
      □낚시를 한다.
          ※낚시바늘에 미끼를 끼운다.
          ※낚시줄을 저수지에 넣는다.
          ※낚시 찌를 바라보며 기다린다.
          △입질이 오는 경우 행동한다.
             ◇(낚시 찌가 움직이는가)
           T ※낚시줄을 감아 들어올린다.
             ※낚시바늘에서 물고기를 뺀다.
             ※어망에 물고기를 담는다.
```

** 표현

문제 ⑧ 다음은 전세기간이 끝나 이사하는 과정을 쏙으로 표현한 것입니다. 다음의 상황을 고려하여 문제를 해결하는 과정을 쏙으로 표현해 보세요.

상황 1 부동산, 인터넷, 벼룩시장 등 다양한 방법으로 이사갈 집을 구한다.

상황 2 이삿짐을 옮기기 위해 이삿짐 센터와 최적의 조건으로 계약하기 위해 노력한다.

상황 3 이중 계약으로 사기를 당한 경우, 대처 방법을 찾는다.

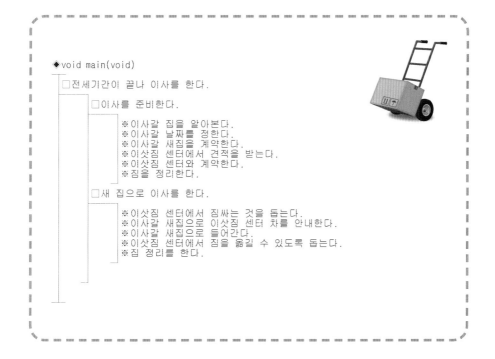

```
◆void main(void)
□전세기간이 끝나 이사를 한다.
    □이사를 준비한다.
        ※이사갈 집을 알아본다.
        ※이사갈 날짜를 정한다.
        ※이사갈 새집을 계약한다.
        ※이삿짐 센터에서 견적을 받는다.
        ※이삿짐 센터와 계약한다.
        ※짐을 정리한다.
    □새 집으로 이사를 한다.
        ※이삿짐 센터에서 짐싸는 것을 돕는다.
        ※이사갈 새집으로 이삿짐 센터 차를 안내한다.
        ※이사갈 새집으로 들어간다.
        ※이삿짐 센터에서 짐을 옮길 수 있도록 돕는다.
        ※집 정리를 한다.
```

전세(lease)

전세(傳貰)란 집 주인에게 보증금을 맡기고 집을 빌린 뒤 계약기간이 끝나면 보증금을 돌려받는 주택임대차 유형입니다. 미국과 우리나라는 전세의 개념이 어떻게 다른지 생각해 봅시다. 또 '전세대란'이 발생하는 원인을 조사한 후 해결 방안을 토론해 봅시다.

✳️ 표현

문제 ⑨ 다음은 저녁 식사로 피자를 배달시켜 먹는 과정을 쏙으로 표현한 것입니다. 다음의 상황을 고려하여 문제를 해결하는 과정을 쏙으로 표현해 보세요.

상황 1 주문하려고 한 피자가 판매 중지 상태일 경우, 대처 방법을 찾는다.

상황 2 배달시킨 피자가 1시간이 넘도록 오지 않는 경우, 대처 방법을 찾는다.

상황 3 배달해온 피자에 이물질이 들어 있을 경우, 대처 방법을 찾는다.

```
◆void main(void)

 □저녁식사로 피자를 배달시켜 먹는다.
     ※피자 가게 전단지를 찾는다.
     ※먹고싶은 피자를 고른다.
     ※피자 가게에 전화를 건다.
     ※피자를 주문한다.
     ※피자가 올때까지 기다린다.
     ※배달온 피자를 받는다.
     ※피자 비용을 지불한다.
     ※맛있게 먹는다.


 ※※ 표현
```

벌써 한시간 !!

문제 ⑩   다음은 건강을 위해 등산하는 과정을 쏙으로 표현한 것입니다. 다음의 상황을

고려하여 문제를 해결하는 과정을 쏙으로 표현해 보세요.

상황 1   등산하는 날 눈이 오는 경우, 대처 방안을 찾는다.

상황 2   하산 후 배가 고픈 경우, 대처 방안을 찾는다.

상황 3   등산 도중 발목을 삐었을 경우, 대처 방안을 찾는다.

```
◆void main(void)
  ┌□건강을 위해 등산을 한다.
  │   ※등산가방에 물, 오이, 초코바를 넣는다.
  │   ※등산복을 입는다.
  │   ※등산화를 신는다.
  │   ※산으로 간다.
  │   ※간단한 스트레칭을 한다.
  │   ※산의 정상에 오른다.
  │   ※하산한다.
  └   ※집으로 간다.


 ﹡﹡ 표현
```

 산에서 구조 신호 보내는 방법

① 수신호 : 팔을 양쪽으로 45도로 들어 흔들기

② 소리를 이용한 신호 : 큰 소리나 물건을 두드려 표현

③ 깃발을 이용한 신호 : 녹색에서 눈에 잘 띄는 빨강, 노랑, 주황을 사용

위의 방법들 이외에 또 어떤 방법이 있을지 생각해 봅시다.

잠시 쉬어갈까요?

숫자 논리

아래의 숫자를 재배열하여 합으로 100을 얻도록 만들어 보세요.

단 숫자들은 한번만 사용할 수 있습니다,

19

39

정답

61 + 39 =100

19를 돌리면 61이 됩니다.

제4장

알고리즘 기반 컴퓨팅 사고 연습

4.1 컴퓨팅 사고와 알고리즘의 관계

★ 알고리즘이란 특정 문제를 해결하기 위한 동작이나 규칙들의 유한 집합(finite set)을 의미합니다. 유한 집합이란 원소의 개수가 유한한 집합을 의미합니다. 반드시 끝이 있어야 한다는 것을 뜻합니다.

간단한 예를 들어 보겠습니다. "집에서 학교로 가는 방법"이 문제라고 해 보지요. 집에서 출발하여 어디에서 길을 건너고 어디에서 오른쪽으로 꺾어 이동하는지 등과 같이 학교로 갈 때 어떻게 가야 적절한지를 나타내는 일련의 문제 해결 절차가 알고리즘입니다.

이러한 알고리즘은 프로그램을 작성하는 기초를 형성합니다. 알고리즘은 컴퓨팅 사고에서 핵심적인 역할을 합니다. 문제 해결 과정을 체계적으로 정리한 알고리즘을 이해하고 있는 사람은 동일하거나 비슷한 문제를 대할 때 순식간에 패턴 인식을 하여 최적화한 대안을 쉽게 생각해낼 수 있기 때문입니다.

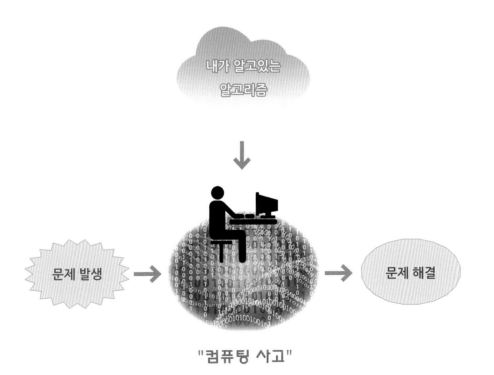

4.2 기본 알고리즘의 이해

4.2.1 거품 정렬

★ 거품 정렬 알고리즘을 이용하여 도서 가격을 정렬해보려고 합니다. 거품 정렬에
  대하여 생각해 볼까요?

책에는
가격과 출판사 등을
식별하는 "ISBN"이라는
마크가 붙어있어요~

★ 거품 정렬 알고리즘을 이용하여 도서 가격을 기준으로 오름차순 거품 정렬하는
과정을 쏙(SOC)으로 표현해 봅시다.

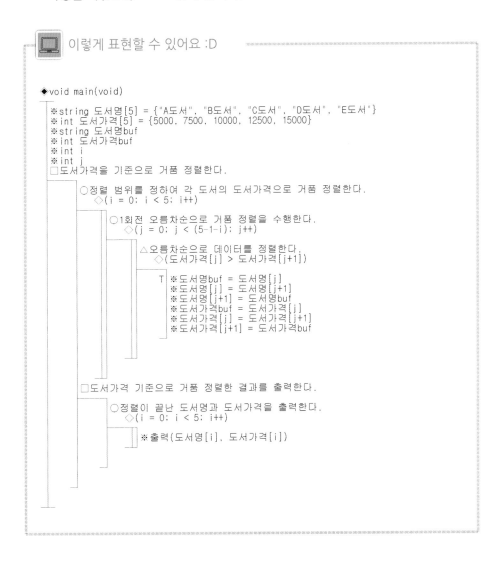

이렇게 표현할 수 있어요 :D

```
◆void main(void)
 ※string 도서명[5] = {"A도서", "B도서", "C도서", "D도서", "E도서"}
 ※int 도서가격[5] = {5000, 7500, 10000, 12500, 15000}
 ※string 도서명buf
 ※int 도서가격buf
 ※int i
 ※int j
 □도서가격을 기준으로 거품 정렬한다.
    ○정렬 범위를 정하여 각 도서의 도서가격으로 거품 정렬한다.
     ◇(i = 0; i < 5; i++)
       ○1회전 오름차순으로 거품 정렬을 수행한다.
        ◇(j = 0; j < (5-1-i); j++)
          △오름차순으로 데이터를 정렬한다.
           ◇(도서가격[j] > 도서가격[j+1])
          T ※도서명buf = 도서명[j]
            ※도서명[j] = 도서명[j+1]
            ※도서명[j+1] = 도서명buf
            ※도서가격buf = 도서가격[j]
            ※도서가격[j] = 도서가격[j+1]
            ※도서가격[j+1] = 도서가격buf

 □도서가격 기준으로 거품 정렬한 결과를 출력한다.
    ○정렬이 끝난 도서명과 도서가격을 출력한다.
     ◇(i = 0; i < 5; i++)
       ※출력(도서명[i], 도서가격[i])
```

 잠깐 !

★ 오름차순을 내림차순으로 바꿔서 정렬하는 방법과 도서 이름을 가나다
순으로 정렬하는 방법도 생각해 보세요.

더 알아봅시다 ♬

거품 정렬이란?

거품 정렬은 왼쪽에서부터 이웃하는 두 요소를 비교하여 정렬하는 방법입니다. 오름차순 정렬의 경우 두 요소를 비교하여 큰 값을 뒤로 보냅니다. 가장 큰 값이 끝으로 가고 가장 작은 값이 맨 앞으로 오도록 정렬합니다.

아래의 배열 A[]의 데이터를 거품 정렬하는 방법은 다음과 같습니다.

A[ ] =

[0]	[1]	[2]	[3]	[4]
1	5	3	4	2

1단계 : A[0]부터 A[4]까지 이웃하는 두 요소를 비교합니다.

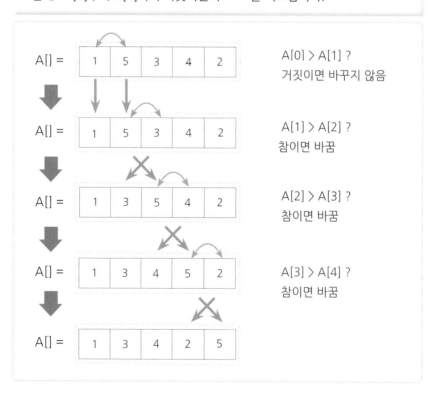

2단계 : A[0]부터 A[3]까지 이웃하는 두 요소를 비교합니다.

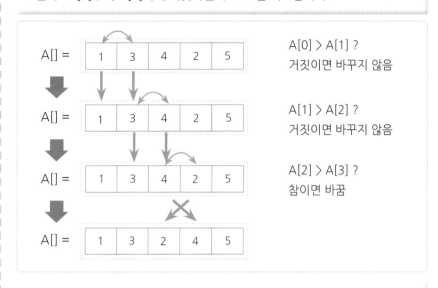

3단계 : A[0]부터 A[2]까지 이웃하는 두 요소를 비교합니다.

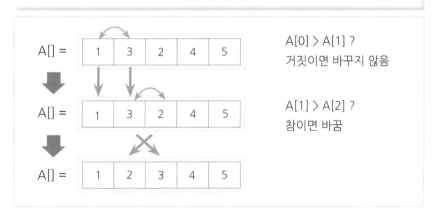

4단계 : A[0]부터 A[1]까지 이웃하는 두 요소를 비교합니다.

♬더 연습해 볼까요?

문제 ①   다음은 영화의 예매율을 기준으로 내림차순으로 거품 정렬하는 과정을 쪽으
로 표현한 것입니다. 예매율을 기준으로 오름차순으로 거품 정렬하도록 수정
해 보세요.

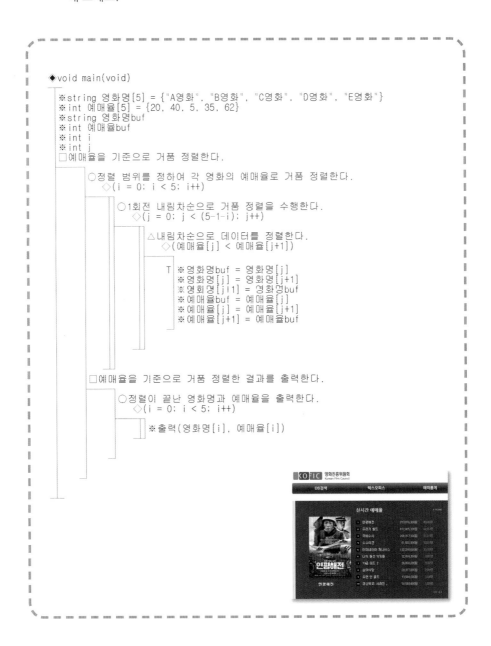

```
◆void main(void)
※string 영화명[5] = {"A영화", "B영화", "C영화", "D영화", "E영화"}
※int 예매율[5] = {20, 40, 5, 35, 62}
※string 영화명buf
※int 예매율buf
※int i
※int j
□예매율을 기준으로 거품 정렬한다.
    ○정렬 범위를 정하여 각 영화의 예매율로 거품 정렬한다.
      ◇(i = 0; i < 5; i++)
        ○1회전 내림차순으로 거품 정렬을 수행한다.
          ◇(j = 0; j < (5-1-i); j++)
            △내림차순으로 데이터를 정렬한다.
              ◇(예매율[j] < 예매율[j+1])
                T ※영화명buf = 영화명[j]
                  ※영화명[j] = 영화명[j+1]
                  ※영화명[j+1] = 영화명buf
                  ※예매율buf = 예매율[j]
                  ※예매율[j] = 예매율[j+1]
                  ※예매율[j+1] = 예매율buf
    □예매율을 기준으로 거품 정렬한 결과를 출력한다.
      ○정렬이 끝난 영화명과 예매율을 출력한다.
        ◇(i = 0; i < 5; i++)
          ※출력(영화명[i], 예매율[i])
```

※ 표현

 오름차순과 내림차순

오름차순 : 값이 작은 쪽에서부터 큰 쪽으로의 순서입니다.

　　　　　1,2,3,4,5,6...과 같이 점점 커지는 값의 나열입니다.

내림차순 : 값이 큰 쪽에서부터 작은 쪽으로의 순서입니다.

　　　　　10,9,8,7,6,5...와 같이 점점 작아지는 값의 나열입니다.

문제 ② 전주의 다양한 먹거리를 생각해 보고, 음식 이름의 가나다순(오름차순)으로

거품 정렬하는 과정을 쏙으로 표현해 보세요.

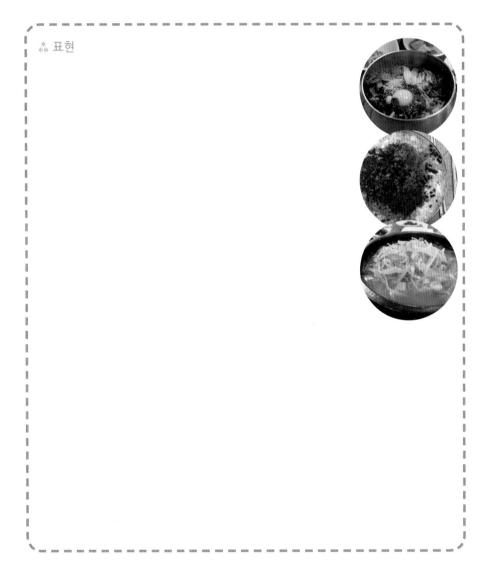

＊＊ 표현

 전주 한옥 마을을 아시나요?

전주 한옥 마을은 전통 문화 시설과 함께 한옥을 체험할 수 있는 관광코스입

니다. 전주 한옥 마을과 같은 우리 전통 문화를 느낄 수 있는 지역을 보다 발

전시키기 위한 방안을 생각해 봅시다.

문제 ③   다음은 각 지역의 강수량을 기준으로 오름차순으로 거품 정렬하는 과정을 쏙

으로 표현한 것입니다. 강수량을 기준으로 내림차순으로 거품 정렬하도록 수

정해 보세요.

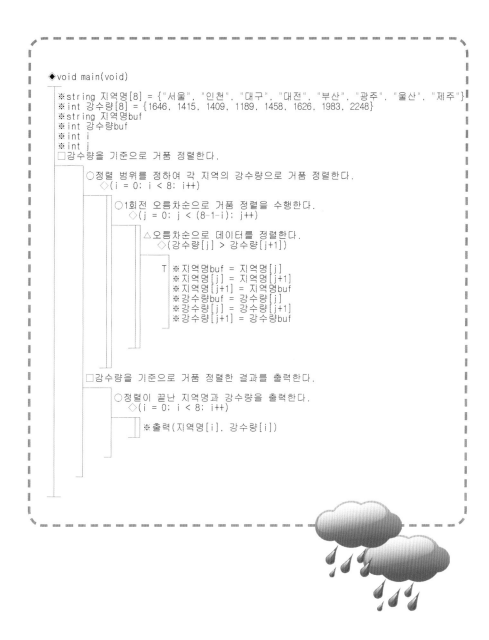

```
◆void main(void)
 ※string 지역명[8] = {"서울", "인천", "대구", "대전", "부산", "광주", "울산", "제주"}
 ※int 강수량[8] = {1646, 1415, 1409, 1189, 1458, 1626, 1983, 2248}
 ※string 지역명buf
 ※int 강수량buf
 ※int i
 ※int j
 □강수량을 기준으로 거품 정렬한다.
     ○정렬 범위를 정하여 각 지역의 강수량으로 거품 정렬한다.
        ◇(i = 0; i < 8; i++)
           ○1회전 오름차순으로 거품 정렬을 수행한다.
              ◇(j = 0; j < (8-1-i); j++)
                 △오름차순으로 데이터를 정렬한다.
                    ◇(강수량[j] > 강수량[j+1])
                  T ※지역명buf = 지역명[j]
                     ※지역명[j] = 지역명[j+1]
                     ※지역명[j+1] = 지역명buf
                     ※강수량buf = 강수량[j]
                     ※강수량[j] = 강수량[j+1]
                     ※강수량[j+1] = 강수량buf

     □강수량을 기준으로 거품 정렬한 결과를 출력한다.
        ○정렬이 끝난 지역명과 강수량을 출력한다.
           ◇(i = 0; i < 8; i++)
              ※출력(지역명[i], 강수량[i])
```

✱✱ 표현

 강수량(rainfall rate)

강수량이란 일정한 기간동안 지표면에 떨어진 물의 총량을 의미합니다. 우리나라의 1년 동안 강수량은 약 500~1500㎜ 입니다. 연평균 강수량을 적정 수준이상으로 유지시키는 방안을 생각해 봅시다.

문제 ④   KBO리그 팀별 승수를 기준으로 내림차순으로 거품 정렬하는 과정을 쏙으로 표현해 보세요.

✳ 표현

 KBO리그 (Korean Baseball Organization League)
우리나라의 프로 야구 리그이며, 한국 프로 야구라 합니다. 프로 스포츠가 필요한 이유를 생각하고 발전 방안을 토론해 봅시다.

문제 ⑤　다음은 커피 이름을 가나다순(오름차순)으로 거품 정렬하는 과정을 쏙으로 표현한 것입니다. 커피 가격을 기준으로 내림차순으로 거품 정렬하도록 수정해 보세요.

```
◆void main(void)
※string 커피명[5] = {"아메리카노", "카페라떼", "모카라떼", "카푸치노", "에스프레소"}
※int 가격[5] = {3500, 4000, 4300, 3800, 3000}
※string 커피명buf
※int 가격buf
※int i
※int j
□커피이름의 가나다순으로 거품 정렬한다.
    ○정렬 범위를 정하여 커피이름으로 거품 정렬한다.
    ◇(i = 0; i < 5; i++)
        ○1회전 오름차순으로 거품 정렬을 수행한다.
        ◇(j = 0; j < (5-1-i); j++)
            △오름차순으로 데이터를 정렬한다.
            ◇(커피명[j] > 커피명[j+1])
            T ※커피명buf = 커피명[j]
              ※커피명[j] = 커피명[j+1]
              ※커피명[j+1] = 커피명buf
              ※가격buf = 가격[j]
              ※가격[j] = 가격[j+1]
              ※가격[j+1] = 가격buf
□가나다순으로 거품 정렬한 결과를 출력한다.
    ○정렬이 끝난 커피명과 가격을 출력한다.
    ◇(i = 0; i < 5; i++)
        ※출력(커피명[i], 가격[i])
```

 커피(coffee)

1890년 최초의 미국 유학생인 유길준이 커피를 조선에 소개하였습니다. 1895년 고종 황제가 아관파천으로 러시아 공사관에 머물면서 우리나라 최초로 커피를 마셨다고 합니다. 커피의 특징을 생각해 봅시다.

✳✳ 표현

문제 ⑥   다음은 음식 가격을 기준으로 오름차순으로 거품 정렬하는 과정을 쏙으로 표현한 것입니다. 가나다순(오름차순)으로 음식 이름을 거품 정렬하도록 수정해 보세요.

```
◆void main(void)
※string 음식명[5] = {"김치찌개", "불고기", "된장찌개", "비빔밥", "설렁탕"}
※int 음식가격[5] = {5500, 10000, 5000, 6500, 8000}
※string 음식명buf
※int 음식가격buf
※int i
※int j
□음식가격을 기준으로 거품 정렬한다.
    ○정렬 범위를 정하여 각 음식의 음식가격으로 거품 정렬한다.
    ◇(i = 0; i < 5; i++)
        ○1회전 오름차순으로 거품 정렬을 수행한다.
        ◇(j = 0; j < (5-1-i); j++)
            △오름차순으로 데이터를 정렬한다.
            ◇(음식가격[j] > 음식가격[j+1])
            T ※음식명buf = 음식명[j]
              ※음식명[j] = 음식명[j+1]
              ※음식명[j+1] = 음식명buf
              ※음식가격buf = 음식가격[j]
              ※음식가격[j] = 음식가격[j+1]
              ※음식가격[j+1] = 음식가격buf

□음식가격 기준으로 거품 정렬한 결과를 출력한다.
    ○정렬이 끝난 음식명과 음식가격을 출력한다.
    ◇(i = 0; i < 5; i++)
        ※출력(음식명[i], 음식가격[i])
```

한식(Korean food)

한식은 기름을 적게 쓰는 조리법으로 콜레스테롤 및 혈당을 낮추는데 도움을 줍니다. 특히, 채소를 이용하여 발효시킨 음식이 많은데, 항균작용과 항암효과가 탁월하다고 합니다. 한식을 세계화하는데 걸림돌은 무엇이며 어떻게 발전시키는 것이 좋을지 토론해 봅시다.

✳ 표현

문제 ⑦   5명의 친구가 100m 수영 경주를 한다고 할 때, 수영 기록을 기준으로 오름차순 거품 정렬하는 과정과 이름의 가나다순(오름차순)으로 거품 정렬하는 과정을 쪽으로 작성해 보세요.

※ 표현

 수영(swimming)

수영은 손과 발을 사용하여 물 위나 물 속을 헤엄치는 것을 말합니다. 남녀
노소 누구나 즐길 수 있고 근육이나 심폐 발달에 좋으며, 수영을 배움으로써
스쿠버다이빙이나 스노쿨링, 윈드서핑과 같은 다양한 수상레포츠도 즐길 수
있습니다. 사람이 물에 뜨는 원리를 생각해 봅시다.

문제 ⑧   5개의 자동차 회사의 매출액을 정리한다고 할 때, 매출액을 기준으로 내림차
순 거품 정렬하는 과정과 이름의 가나다순(오름차순)으로 거품 정렬하는 과정
을 쏙으로 작성해 보세요.

✳✳ 표현

 커넥티드 카(connected car)

커넥티드 카는 자동차와 IT 기술을 융합하여 인터넷 접속이 가능한 자동차를
말합니다. 커넥티드 카의 응용 분야로는 어떤 것들이 있는지 조사하여 토론
해 봅시다.

4.2.2 선택 정렬

★ 학생별 몸무게를 선택 정렬 방법으로 정렬하는 것을 생각해 볼까요?

★ 선택 정렬 알고리즘을 이용하여 학생별 몸무게를 기준으로 오름차순으로 선택
정렬하는 과정을 쏙(SOC)으로 작성하십시오.

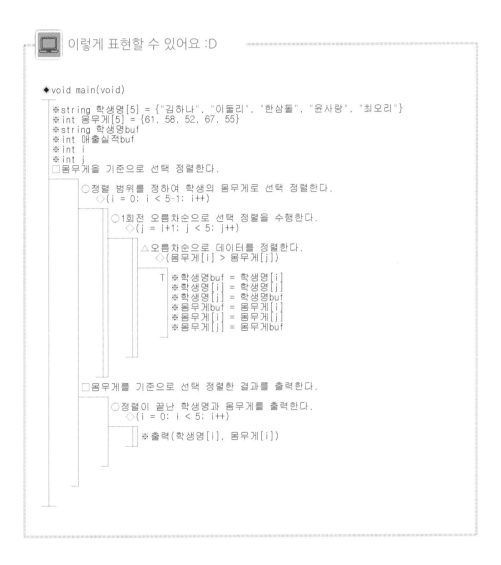

이렇게 표현할 수 있어요 :D

```
◆void main(void)
 ※string 학생명[5] = {"김하나", "이둘리", "한삼돌", "윤사랑", "최오리"}
 ※int 몸무게[5] = {61, 58, 52, 67, 55}
 ※string 학생명buf
 ※int 매출실적buf
 ※int i
 ※int j
 □몸무게을 기준으로 선택 정렬한다.
        ○정렬 범위를 정하여 학생의 몸무게로 선택 정렬한다.
         ◇(i = 0; i < 5-1; i++)
              ○1회전 오름차순으로 선택 정렬을 수행한다.
               ◇(j = i+1; j < 5; j++)
                    △오름차순으로 데이터를 정렬한다.
                     ◇(몸무게[i] > 몸무게[j])
                   T ※학생명buf = 학생명[i]
                     ※학생명[i] = 학생명[j]
                     ※학생명[j] = 학생명buf
                     ※몸무게buf = 몸무게[i]
                     ※몸무게[i] = 몸무게[j]
                     ※몸무게[j] = 몸무게buf

        □몸무게를 기준으로 선택 정렬한 결과를 출력한다.
        ○정렬이 끝난 학생명과 몸무게를 출력한다.
         ◇(i = 0; i < 5; i++)
              ※출력(학생명[i], 몸무게[i])
```

 잠깐 !

★ 오름차순을 내림차순으로 정렬하는 방법과 학생이름의 가나다순으로 정
렬하는 방법도 생각해 보세요.

더 알아봅시다 ♬

선택 정렬이란?

선택 정렬은 가장 단순한 정렬 방법에 속합니다. 내림차순의 정렬일 경우 처음 자료부터 시작하여 자료들 중 가장 큰 값을 선택하여 처음의 원소와 교환하는 방법입니다.

아래의 배열 A[]에서 내림차순으로 선택 정렬하는 방법을 알아보면 다음과 같습니다.

$$A[\ ] = \begin{array}{|c|c|c|c|c|} \hline [0] & [1] & [2] & [3] & [4] \\ \hline 1 & 5 & 3 & 4 & 2 \\ \hline \end{array}$$

1단계 : A[0]을 기준으로 잡습니다.

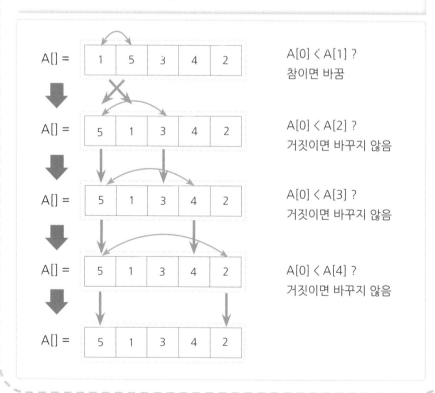

2단계 : A[1]을 기준으로 잡습니다.

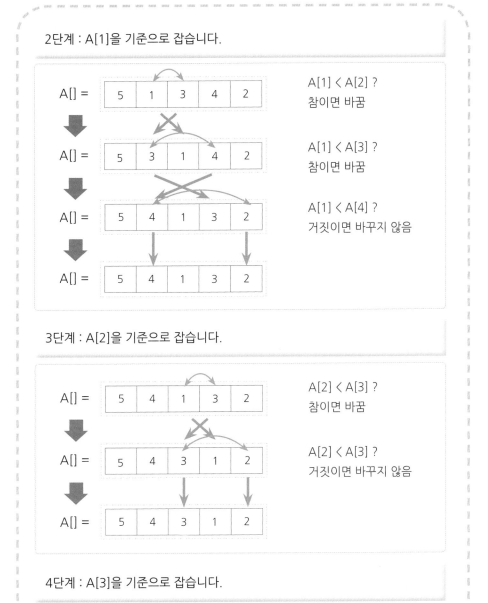

A[] =

| 5 | 1 | 3 | 4 | 2 |

A[1] < A[2] ?
참이면 바꿈

A[] =

| 5 | 3 | 1 | 4 | 2 |

A[1] < A[3] ?
참이면 바꿈

A[] =

| 5 | 4 | 1 | 3 | 2 |

A[1] < A[4] ?
거짓이면 바꾸지 않음

A[] =

| 5 | 4 | 1 | 3 | 2 |

3단계 : A[2]을 기준으로 잡습니다.

A[] =

| 5 | 4 | 1 | 3 | 2 |

A[2] < A[3] ?
참이면 바꿈

A[] =

| 5 | 4 | 3 | 1 | 2 |

A[2] < A[3] ?
거짓이면 바꾸지 않음

A[] =

| 5 | 4 | 3 | 1 | 2 |

4단계 : A[3]을 기준으로 잡습니다.

A[] =

| 5 | 4 | 3 | 1 | 2 |

A[3] < A[4] ?
참이면 바꿈

A[] =

| 5 | 4 | 3 | 2 | 1 |

♬더 연습해 볼까요?

문제 ①   다음은 국적별 관광객 수를 기준으로 내림차순으로 선택 정렬하는 과정을 쏙으로 표현한 것입니다. 관광객 수를 기준으로 오름차순으로 선택 정렬하도록 수정해 보세요.

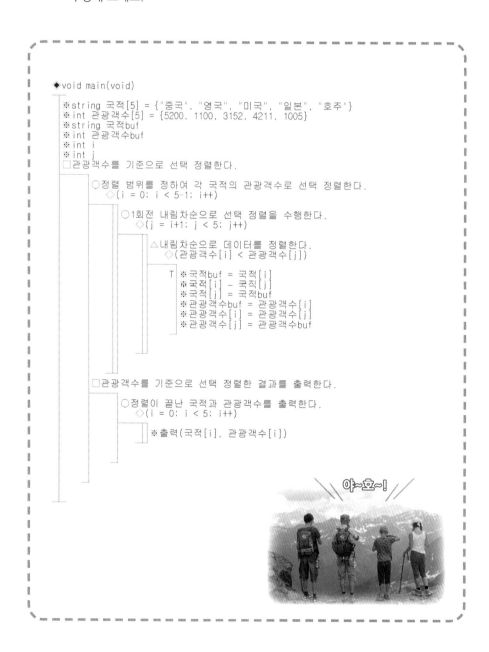

```
◆void main(void)
 ※string 국적[5] = {"중국", "영국", "미국", "일본", "호주"}
 ※int 관광객수[5] = {5200, 1100, 3152, 4211, 1005}
 ※string 국적buf
 ※int 관광객수buf
 ※int i
 ※int j
 □관광객수를 기준으로 선택 정렬한다.
      ○정렬 범위를 정하여 각 국적의 관광객수로 선택 정렬한다.
       ◇(i = 0; i < 5-1; i++)
           ○1회전 내림차순으로 선택 정렬을 수행한다.
            ◇(j = i+1; j < 5; j++)
                △내림차순으로 데이터를 정렬한다.
                 ◇(관광객수[i] < 관광객수[j])
                T ※국적buf = 국적[i]
                  ※국적[i] = 국직[j]
                  ※국적[j] = 국적buf
                  ※관광객수buf = 관광객수[i]
                  ※관광객수[i] = 관광객수[j]
                  ※관광객수[j] = 관광객수buf

 □관광객수를 기준으로 선택 정렬한 결과를 출력한다.
      ○정렬이 끝난 국적과 관광객수를 출력한다.
       ◇(i = 0; i < 5; i++)
            ※출력(국적[i], 관광객수[i])
```

야~호~!

※ 표현

 한국의 관광 산업에 대해 알아봅시다.

1. 한국 관광 산업은 지역적인 특징을 갖습니다.
2. 한국을 찾는 관광객은 중국, 미국, 일본, 홍콩, 대만이 72%로 높은 국적별 집중도를 가지며, 근거리 아시아 국가에 많이 의존하고 있습니다. 관광 산업을 다변화하려면 어떻게 해야 할까요?

문제 ②　경주의 다양한 관광지를 생각해 보고, 관광지 이름을 가나다순(오름차순)으로 선택 정렬하는 과정을 쏙으로 표현해 보세요.

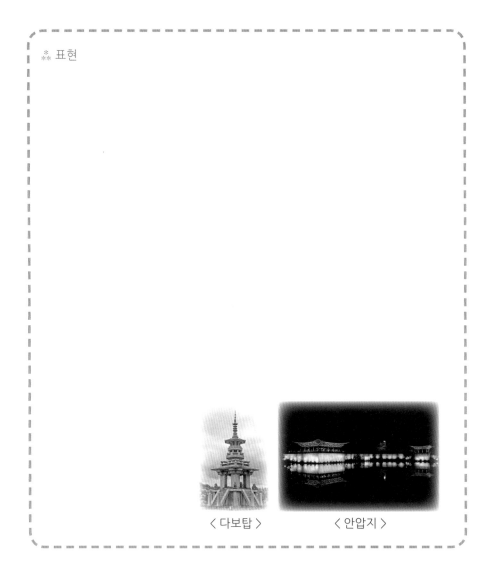

* 표현

〈 다보탑 〉　　　　　〈 안압지 〉

 경주에 대해 알아봅시다.

경주는 신라 천 년의 고도로 명승 고적이 많은 관광 명소입니다. 불국사, 석굴암, 안압지 등 많은 명승지가 있는 경주를 IoT 기술로 발전시키는 방안을 생각해 봅시다.

문제 ③   다음은 우리나라 산의 높이를 기준으로 오름차순으로 선택 정렬하는 과정을
쏙으로 표현한 것입니다. 산의 높이를 기준으로 내림차순으로 선택 정렬하도
록 수정해 보세요.

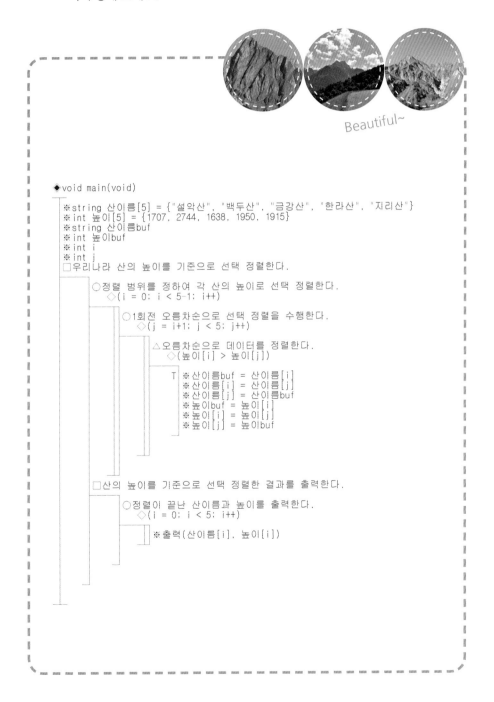

Beautiful~

```
◆void main(void)
 ※string 산이름[5] = {"설악산", "백두산", "금강산", "한라산", "지리산"}
 ※int 높이[5] = {1707, 2744, 1638, 1950, 1915}
 ※string 산이름buf
 ※int 높이buf
 ※int i
 ※int j
 □우리나라 산의 높이를 기준으로 선택 정렬한다.

    ○정렬 범위를 정하여 각 산의 높이로 선택 정렬한다.
       ◇(i = 0; i < 5-1; i++)

       ○1회전 오름차순으로 선택 정렬을 수행한다.
          ◇(j = i+1; j < 5; j++)

          △오름차순으로 데이터를 정렬한다.
             ◇(높이[i] > 높이[j])

          T ※산이름buf = 산이름[i]
            ※산이름[i] = 산이름[j]
            ※산이름[j] = 산이름buf
            ※높이buf = 높이[i]
            ※높이[i] = 높이[j]
            ※높이[j] = 높이buf

    □산의 높이를 기준으로 선택 정렬한 결과를 출력한다.

       ○정렬이 끝난 산이름과 높이를 출력한다.
          ◇(i = 0; i < 5; i++)

          ※출력(산이름[i], 높이[i])
```

✶✶ 표현

 백두산과 한라산

한반도에서 가장 제일 높은 산은 해발 2,744m인 백두산입니다. 두번째는
해발 1,950m인 한라산입니다. 두 산의 특징을 비교해 봅시다.

문제 ④　편의점 음료수의 가격을 기준으로 내림차순으로 선택 정렬하는 과정을 쪽으로 표현해 보세요.

※ 표현

 음료수와 칼로리

대부분의 음료수는 한 잔에 100~2300칼로리에 달한다고 합니다. 크림이나 우유가 들어간 음료보다 유지방 함유율이 낮은 음료를 마시는 것이 좋은 이유가 무엇인지 칼로리의 관점에서 토론해 봅시다.

문제 ⑤   다음은 화장품 이름을 가나다순(오름차순)으로 선택 정렬하는 과정을 쏙으로

표현한 것입니다. 화장품 가격을 기준으로 내림차순으로 선택 정렬하도록 수

정해 보세요.

```
◆void main(void)
※string 화장품명[5] = {"립스틱", "비비크림", "스킨", "파운데이션", "립글로즈"}
※int 가격[5] = {5200, 1100, 3152, 4211, 1005}
※string 화장품명buf
※int 가격buf
※int i
※int j
□화장품을 이름의 가나다순으로 선택 정렬한다.
    ○정렬 범위를 정하여 화장품 이름으로 선택 정렬한다.
      ◇(i = 0; i < 5-1; i++)
        ○1회전 오름차순으로 선택 정렬을 수행한다.
          ◇(j = i+1; j < 5; j++)
            △오름차순으로 데이터를 정렬한다.
              ◇(화장품명[i] > 화장품명[j])
              T ※화장품명buf = 화장품명[i]
                ※화장품명[i] = 화장품명[j]
                ※화장품명[j] = 화장품명buf
                ※가격buf = 가격[i]
                ※가격[i] = 가격[j]
                ※가격[j] = 가격buf
    □가나다순으로 선택 정렬한 결과를 출력한다.
        ○정렬이 끝난 화장품명과 가격을 출력한다.
          ◇(i = 0; i < 5; i++)
            ※출력(화장품명[i], 가격[i])
```

✵ 표현

 뷰티 한류

최근 한국 화장품의 인기가 대단합니다. 높은 품질과 합리적인 가격을 내세운 한국의 화장품을 사기 위해 방한하는 관광객이 늘어나는 추세입니다. 이에 따른 연계 관광 상품으로 어떤 것들을 개발하면 관광객을 더욱 많이 유치할 수 있을지 생각해 봅시다.

문제 ⑥   다음은 도서 판매량을 기준으로 내림차순으로 선택 정렬하는 과정을 쏙으로 표현한 것입니다. 도서의 이름을 가나다순(오름차순)으로 선택 정렬하도록 수정해 보세요.

```
◆void main(void)
 ※string 도서명[5] = {"A도서", "B도서", "C도서", "D도서", "E도서"}
 ※int 판매량[5] = {5030, 9107, 3002, 2011, 6055}
 ※string 도서명buf
 ※int 판매량buf
 ※int i
 ※int j
 □판매량을 기준으로 선택 정렬한다.
    ○정렬 범위를 정하여 각 도서의 판매량으로 선택 정렬한다.
     ◇(i = 0; i < 5-1; i++)
         ○1회전 내림차순으로 선택 정렬을 수행한다.
          ◇(j = i+1; j < 5; j++)
              △내림차순으로 데이터를 정렬한다.
               ◇(판매량[i] < 판매량[j])
               T ※도서명buf = 도서명[i]
                 ※도서명[i] = 도서명[j]
                 ※도서명[j] = 도서명buf
                 ※판매량buf = 판매량[i]
                 ※판매량[i] = 판매량[j]
                 ※판매량[j] = 판매량buf

    □판매량을 기준으로 선택 정렬한 결과를 출력한다.
    ○정렬이 끝난 도서명과 판매량을 출력한다.
     ◇(i = 0; i < 5; i++)
       ※출력(도서명[i], 판매량[i])
```

 독서의 계절

가을을 독서의 계절이라고 하지만 날씨가 좋아 야외 활동이 많은 이유로 사람들이 독서를 잘 하지 않는 경향이 있습니다. 그래서 일본의 도서 출판업계가 "가을은 독서의 계절"이라는 홍보 문구를 생각해내었다고 합니다. 독서율을 올리는 홍보 방안을 생각해 봅시다.

＊＊ 표현

문제 ⑦   음원 5개를 다운로드받으려고 할 때, 다운로드 수를 기준으로 내림차순으로 선택 정렬하는 과정과 음원 제목의 가나다순(오름차순)으로 선택 정렬하는 과정을 쪽으로 작성해 보세요.

※※ 표현

메모

문제 ⑧   중화 요리 메뉴판을 만들려고 합니다. 가나다순(오름차순)으로 요리 이름을 선택 정렬하는 과정과 판매가격을 기준으로 내림차순으로 선택 정렬하는 과정을 쪽으로 작성해 보세요.

** 표현

 차이나 타운(china town)

차이나 타운은 외국에 사는 화교들이 모여서 중국식으로 세운 거리를 의미합니다. 우리나라에는 인천의 차이나 타운이 유명합니다. 이곳은 조선 말 개항 이후 제물포(인천) 지역을 청나라의 치외 법권 지역으로 형성한 것을 기원으로 합니다. 차이나 타운의 특징을 조사해 봅시다.

4.2.3 순차 검색

★ 순차 검색을 통하여 합격자를 검색하려면 어떻게 해야 할까요?

Search Engine

합격자 검색

검색 결과는....

★ 순차 검색을 통한 합격자 검색 과정을 쏙(SOC)으로 표현해 봅시다.

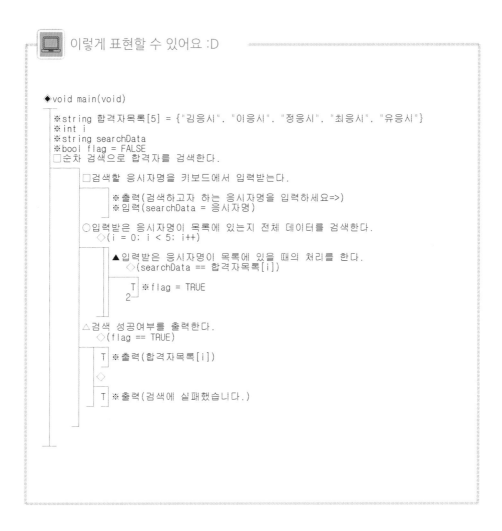

💻 이렇게 표현할 수 있어요 :D

```
◆void main(void)
  ※string 합격자목록[5] = {"김응시", "이응시", "정응시", "최응시", "유응시"}
  ※int i
  ※string searchData
  ※bool flag = FALSE
  □순차 검색으로 합격자를 검색한다.
      □검색할 응시자명을 키보드에서 입력받는다.
          ※출력(검색하고자 하는 응시자명을 입력하세요=>)
          ※입력(searchData = 응시자명)
      ○입력받은 응시자명이 목록에 있는지 전체 데이터를 검색한다.
      ◇(i = 0; i < 5; i++)
          ▲입력받은 응시자명이 목록에 있을 때의 처리를 한다.
             ◇(searchData == 합격자목록[i])
          T ※flag = TRUE
          2
      △검색 성공여부를 출력한다.
       ◇(flag == TRUE)
          T ※출력(합격자목록[i])
          ◇
          T ※출력(검색에 실패했습니다.)
```

 잠깐 !

★ 합격자의 점수를 추가하여 함께 출력하도록 하려면 어떻게 해야 할지
  생각해 보세요.

더 알아봅시다 ♫

순차 검색이란 ?

순차 검색(sequential search)은 주어진 데이터(배열, 파일 등)에서 원하는 데이터를 찾기 위하여 저장한 값의 맨 처음부터 찾는 값을 발견할 때까지 비교하는 검색 기법입니다.

정수형 배열을 사용하여 순차 검색(sequential search)을 수행하는 과정을 알아보겠습니다다.

A[ ] =

[0]	[1]	[2]	[3]	[4]	[5]
3	1	9	7	6	5

1단계 : '9'를 찾기 위하여 A 배열의 첫 번째 원소 값부터 비교를 시작합니다.

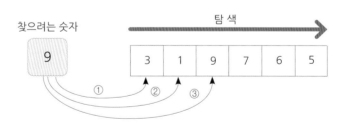

① 찾으려는 숫자 '9'와 A 배열의 첫 번째 값 '3'과 비교 ==> 다름

② 찾으려는 숫자 '9'와 A 배열의 두 번째 값 '1'과 비교 ==> 다름

③ 찾으려는 숫자 '9'와 A 배열의 세 번째 값 '9'와 비교 ==> 같음

2단계 : A 배열의 원소에서 '9'를 찾았다면, 검색을 중지합니다.

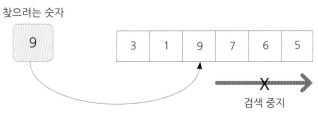

찾으려는 숫자 '9'와 A 배열의
세 번째 값 '9'가 같으므로 검색 중지

순차 검색은 최선의 경우 한번에 원하는 숫자를 찾을 수 있지만, 최악의 경우에는 모든 원소를 다 검색해야 합니다. 즉 경우에 따라 여섯번 모두 검색해야 숫자를 찾을 수 있는 등 효율이 낮습니다.

♬더 연습해 볼까요?

문제 ①   순차 검색으로 소장하고 있는 만화책을 검색하는 알고리즘을 쏙으로 작성해
보세요.

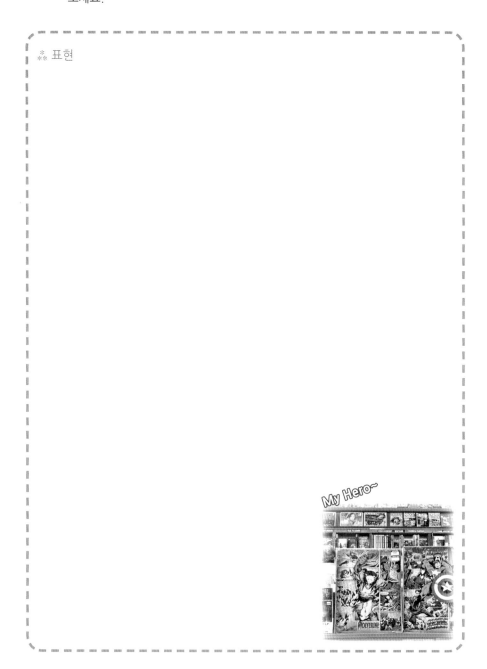

＊＊ 표현

문제 ②   순차 검색으로 판매하고 있는 과일을 검색하는 알고리즘을 쏙으로 작성해 보세요.

※ 표현

문제 ③   순차 검색으로 장학생 대상자를 검색하는 알고리즘을 쏙으로 작성해 보세요.

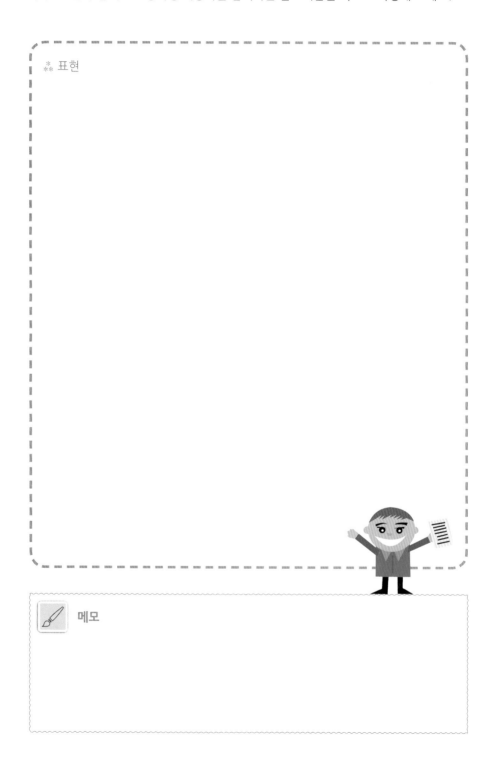

※※ 표현

✎ 메모

문제 ④　다음은 순차 검색으로 나라의 수도를 검색하는 알고리즘을 쏙으로 표현한 것

입니다. 수도를 입력했을 때 나라를 검색하도록 수정해 보세요.

```
◆void main(void)
 ※string 나라목록[5] = {"대한민국", "중국", "미국", "프랑스", "필리핀"}
 ※string 수도명[5] = {"서울", "북경", "워싱턴", "파리", "마닐라" }
 ※int i
 ※string searchData
 ※bool flag = FALSE
 □순차 검색으로 나라의 수도를 검색한다.

      □검색할 나라명을 키보드에서 입력받는다.

            ※출력(검색하고자 하는 나라를 입력하세요=>)
            ※입력(searchData = 나라명)

      ○입력받은 나라명이 목록에 있는지 전체 데이터를 검색한다.
       ◇(i = 0; i < 5; i++)

            ▲입력받은 나라명이 목록에 있을 때의 처리를 한다.
             ◇(searchData == 나라목록[i])

             T ※flag = TRUE
             2

      △검색 성공여부를 출력한다.
       ◇(flag == TRUE)

       T ※출력(나라목록[i], 수도명[i])
       ◇

       T ※출력(검색에 실패했습니다.)
```

 아시아(asia)

아시아는 우리나라, 러시아, 중국 등을 포함하는 동아시아, 인도, 스리랑카
등을 포함하는 남아시아, 베트남, 인도네시아 등을 포함하는 동남아시아, 요
르단,이라크 등을 포함하는 서남아시아, 카자흐스탄, 아프가니스탄 등을 포
함하는 중앙아시아 등으로 구성된 방대한 지역입니다.

※ 표현

문제 ⑤   다음은 순차 검색으로 판매중인 메뉴를 검색하는 알고리즘을 쏙으로 표현한

것입니다. 판매중인 메뉴와 가격을 함께 검색하도록 수정해 보세요.

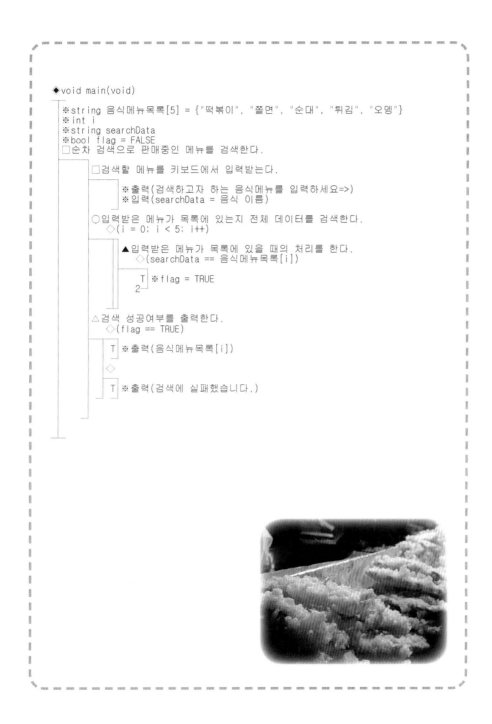

```
◆void main(void)
  ※string 음식메뉴목록[5] = {"떡볶이", "쫄면", "순대", "튀김", "오뎅"}
  ※int i
  ※string searchData
  ※bool flag = FALSE
  □순차 검색으로 판매중인 메뉴를 검색한다.
      □검색할 메뉴를 키보드에서 입력받는다.
          ※출력(검색하고자 하는 음식메뉴를 입력하세요=>)
          ※입력(searchData = 음식 이름)
      ○입력받은 메뉴가 목록에 있는지 전체 데이터를 검색한다.
       ◇(i = 0; i < 5; i++)
          ▲입력받은 메뉴가 목록에 있을 때의 처리를 한다.
           ◇(searchData == 음식메뉴목록[i])
             T │※flag = TRUE
             2
      △검색 성공여부를 출력한다.
       ◇(flag == TRUE)
          T │※출력(음식메뉴목록[i])
          ◇
          T │※출력(검색에 실패했습니다.)
```

04
알고리즘 리뷰 및 시험 연습

※ 표현

문제 ⑥   순차 검색으로 출발지별 부산 도착 소요 시간을 검색하는 알고리즘을 쏙으로

작성해 보세요.

※ 표현

〈 부산 광안대교 〉

 KTX (Korea Train Express)

2004년에 개통한 우리나라의 고속 철도입니다. 시속 200km이상으로 주행

하며 서울에서 부산까지 3시간 이내로 가는 시대를 열었답니다.

문제 ⑦ 순차 검색으로 상영중인 영화와 주연배우 이름을 함께 검색하는 알고리즘을
쪽으로 작성해 보세요.

※ 표현

4.2.4 이진 검색

★ 학년별 학생수를 이진 검색으로 찾아내려면 어떻게 해야 할까요?

이진 검색을 이용하여
학생 수를 알아봅시다!

★ 이진 검색을 통해 학생수를 찾아내는 과정을 쏙(SOC)으로 표현해 봅시다.

이렇게 표현할 수 있어요 :D

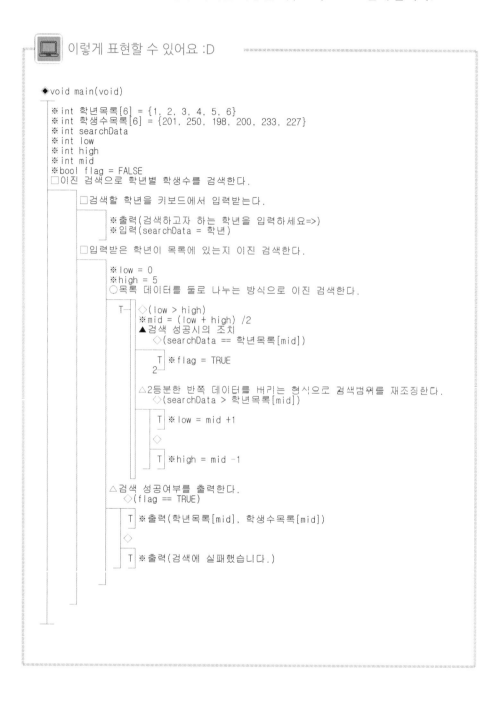

```
◆void main(void)
  ※int 학년목록[6] = {1, 2, 3, 4, 5, 6}
  ※int 학생수목록[6] = {201, 250, 198, 200, 233, 227}
  ※int searchData
  ※int low
  ※int high
  ※int mid
  ※bool flag = FALSE
  □이진 검색으로 학년별 학생수를 검색한다.

      □검색할 학년을 키보드에서 입력받는다.

          ※출력(검색하고자 하는 학년을 입력하세요=>)
          ※입력(searchData = 학년)

      □입력받은 학년이 목록에 있는지 이진 검색한다.

          ※low = 0
          ※high = 5
          ○목록 데이터를 둘로 나누는 방식으로 이진 검색한다.
          T ─ ◇(low > high)
               ※mid = (low + high) /2
               ▲검색 성공시의 조치
                  ◇(searchData == 학년목록[mid])

                  T  ※flag = TRUE
                  2

               △2등분한 반쪽 데이터를 버리는 형식으로 검색범위를 재조정한다.
                  ◇(searchData > 학년목록[mid])

                  T  ※low = mid +1

                  ◇

                  T  ※high = mid -1

          △검색 성공여부를 출력한다.
             ◇(flag == TRUE)

             T  ※출력(학년목록[mid], 학생수목록[mid])

             ◇

             T  ※출력(검색에 실패했습니다.)
```

잠깐 !

★ 이진 검색은 반드시 데이터가 미리 정렬 상태에 있어야 합니다.

 더 알아봅시다 ♬

이진 검색이란?

이진 검색은 정렬이 이루어진 리스트를 좌우 둘로 나눠 특정한 값을 찾는 방법으로 검색 범위를 좁혀가는 알고리즘입니다.

아래의 배열 A[]에서 특정값 6을 찾는 방법을 알아보면 다음과 같습니다.

A[ ] =
[0]	[1]	[2]	[3]	[4]	[5]	[6]
1	2	3	4	5	6	7

1단계 : 배열의 가운데 요소와 찾고 싶은 특정값 6을 비교합니다.

'특정값(6) > 가운데요소' 참이면 오른쪽 부분을 검색 범위로 정합니다.
'특정값(6) < 가운데요소' 참이면 왼쪽 부분을 검색 범위로 정합니다.
'특정값(6) = 가운데요소' 참이면 검색을 완료합니다.

배열 A[]의 가운데 요소는 A[3] = 4 입니다. 4 < 6

2단계 : 좁아진 범위에서 1단계의 절차를 반복합니다.

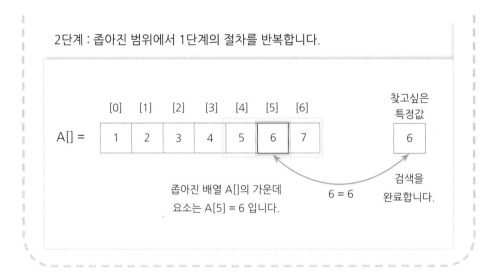

좁아진 배열 A[]의 가운데
요소는 A[5] = 6 입니다.

6 = 6

검색을
완료합니다.

♬더 연습해 볼까요?

문제 ① 다음은 이진 검색으로 판매 중인 신발 사이즈를 검색하는 알고리즘을 쏙으로 표현한 것입니다. 재고량도 함께 검색하도록 수정해 보세요.

** 표현

문제 ②　다음은 이진 검색으로 평창 동계 올림픽의 순위를 검색하는 알고리즘을 쏙으로 표현한 것입니다. 금매달 갯수도 함께 검색하도록 수정해 보세요.

✻ 표현

 동계 올림픽 종목

루지, 스켈레톤, 봅슬레이, 아이스하키, 컬링, 스노우보드, 알파인스키, 프리
스타일스키, 크로스컨트리, 노르딕복합, 스키점프, 바이애슬론, 쇼트트랙,
스피드스케이팅, 피겨스케이팅 등 종류와 특징을 알아 봅시다.

문제 ③ 다음은 이진 검색으로 탄생석을 검색하는 과정을 쏙으로 표현한 것입니다. 탄
생석이 가지고 있는 의미도 함께 검색하도록 수정해 보세요.

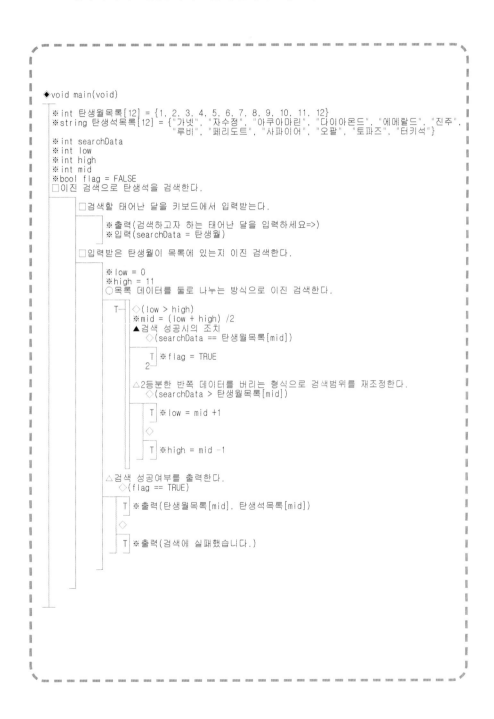

04 알고리즘 구현 검증 시나리오 연습

※ 표현

 여러분이 태어난 달은 몇 월인가요?

1월:가넷(진실, 우정) / 2월:자수정(성실,평화) / 3월:아쿠아마린(젊음,행복) / 4월:다이아몬드(불멸,사랑) / 5월:에메랄드(행복, 행운) / 6월:진주(순결,부귀) / 7월:루비(사랑,평화) / 8월:페리도트(부부의행복), 9월:사파이어(성실,진실) / 10월:오팔(희망,순결) / 11월:토파즈(건강,희망) / 12월:터키석(성공,승리)

문제 ④   이진 검색으로 우리나라의 역대(1대부터 18대까지) 대통령을 찾는 알고리즘

을 쏙으로 작성해 보세요.

※ 표현

 1대~3대 : 이승만, 4대: 윤보선, 5대~9대 : 박정희, 10대: 최규하,
11대~12대: 전두환, 13대: 노태우, 14대: 김영삼, 15대: 김대중,
16대: 노무현, 17대: 이명박, 18대: 박근혜

문제 ⑤ 이진 검색으로 아기의 개월수별 평균 몸무게를 검색하는 알고리즘을 작성해
보세요.

※ 표현

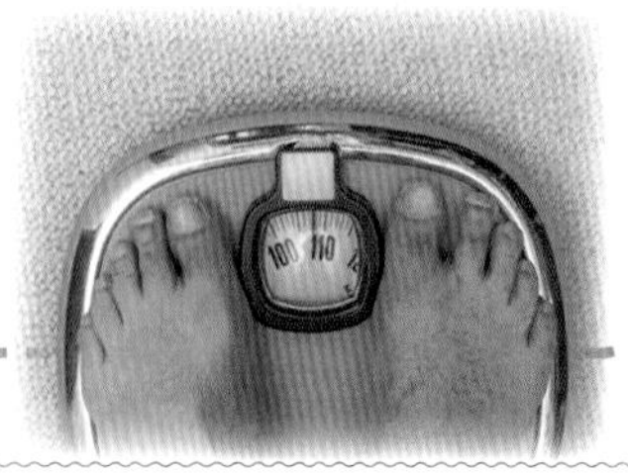

✎ 메모

문제 ⑥   이진 검색으로 월별 출생자 수를 검색하는 알고리즘을 쪽으로 작성해 보세요.

문제 ⑦   이진 검색으로 이름을 키보드로 입력받아 전화번호를 검색하는 과정을 쪽으로 표현해 보세요.

＊＊ 표현

 똑똑한 바보

'똑똑한 바보'라는 이야기를 들어본적이 있나요?

최근 스마트 폰의 보급율이 높아지면서 스마트 폰에 의지해 머리를 쓰지않는 경우가 많아져 가까운 사람의 전화번호, 생일 등을 기억하지 못하게 되는 '디지털 치매'가 급증하고 있다고 합니다. 똑똑한 바보로 전락하지 않기 위해서는 어떠한 노력이 필요한지 토론해 봅시다.

문제 ⑧   이진 검색으로 과목별 기말고사 점수를 검색하는 알고리즘을 쪽으로 작성해
보세요.

※ 표현

4.2.5 순위 구하기

★ 학생별 성적 석차는 어떻게 구할까요?

채점 중.....

" 시험 결과를 한 눈에 보고 싶어요! "

★ 학생별 성적의 석차를 구하는 과정을 쏙(SOC)으로 표현해 봅시다.

이렇게 표현할 수 있어요 :D

```
◆void main(void)
 ※string 학생명[5] = {"김학생", "이학생", "최학생", "박학생", "윤학생"}
 ※int 점수[5] = {95, 99, 75, 85, 80}
 ※int i
 ※int j
 ※int 석차[5]
 □점수를 기준으로 학생별 성적 석차를 구한다.
        ○전체 학생의 석차를 1등으로 초기화 한다.
          ◇(i = 0; i < 5; i++)
            ※석차[i] = 1
        □각 학생의 점수를 비교하여 석차를 구한다.
            ○전체 학생의 석차를 매긴다.
              ◇(i = 0; i < 5; i++)
                ○각 학생의 점수를 전체 학생들과 비교하여 석차를 매긴다.
                  ◇(j = 0; j < 5; j++)
                    △'각 학생 점수 < 다른 학생 점수'일 때의 처리를 한다.
                      ◇(점수[i] < 점수[j])
                      T ※석차[i]++


        □전체 학생의 석차를 출력한다.
            ○각 학생의 석차를 출력한다.
              ◇(i = 0; i < 5; i++)
                ※출력(석차[i], 학생명[i], 점수[i])
```

🎵 더 연습해 볼까요?

문제 ①　다음은 승수를 기준으로 프로농구 구단의 순위를 구하는 알고리즘을 쏙으로 표현한 것입니다. 승수도 함께 출력하도록 쏙을 수정해 보세요.

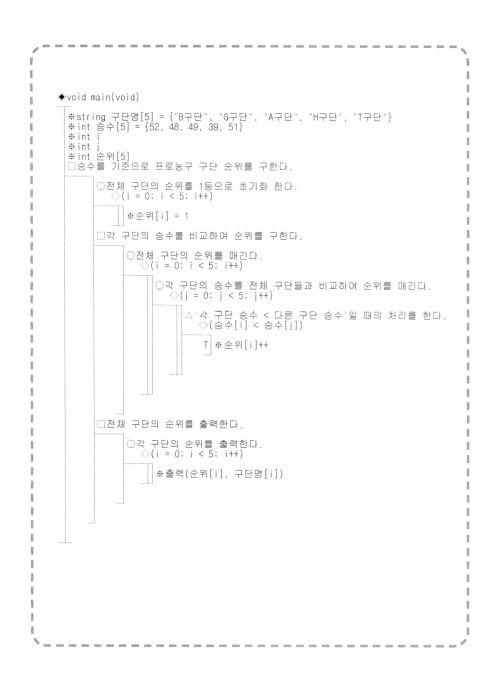

✳✳ 표현

농구와 키

농구를 하면 성장판을 자극하여 키가 큰다고 합니다. 농구가 성장판을 자극하는 주요 이유가 무엇인지 생각해 봅시다.

문제 ②   각 게임의 다운로드 수를 기준으로 순위를 구하는 알고리즘을 쏙으로 작성해

보세요.

문제 ③　체육대회에서 각 반의 승수 기준으로 순위를 구하는 알고리즘을 쏙으로 작성
해 보세요.

✳ 표현

문제 ④　　각 국가의 행복 지수 기준으로 순위를 구하는 알고리즘을 쏙으로 작성해 보세요.

＊＊ 표현

 행복 지수란?

삶의 만족도, 미래에 대한 기대, 실업률, 자부심, 희망, 사랑 등 인간의 행복과 삶의 질을 포괄적으로 고려하여 산출한 지표를 말합니다.

행복 지수가 가장 높은 나라는 덴마크라고 합니다. 행복 지수를 높이려면 어떤 일들을 해야 할까요?

문제 ⑤   유튜브의 조회수를 기준으로 순위를 구하는 알고리즘을 쏙으로 작성해 보세
요.

※ 표현

유튜브 [Youtube]
2005년 2월에 창립한 전 세계인이 사용하는 동영상 콘텐츠 공유 웹사이트
입니다. 유튜브는 넓은 범위의 주제로 전 세계의 사용자들이 쉽게 접근할 수
있어 인터넷 문화의 중요한 부분으로 자리잡고 있습니다. 유튜브와 같은 웹
사이트를 만들려면 어떻게 해야 하는지 토론해 봅시다.

문제 ⑥   키를 기준으로 학생별 순위를 구하는 알고리즘을 쏙으로 작성해 보세요.

··* 표현

문제 ⑦   금메달 수를 기준으로 런던 올림픽 순위를 구하는 알고리즘을 쏙으로 작성해

보세요.

> ✳✳ 표현

올림픽(Olympic)

올림픽은 4년마다 열리는 국제 운동 경기를 뜻합니다. 하계 올림픽과 동계
올림픽이 있습니다. 하계 올림픽과 동계 올림픽의 차이를 비교해 봅시다.

문제 ⑧   시청률을 기준으로 드라마별 순위를 구하는 알고리즘을 쪽으로 작성해 보세요.

※ 표현

시청률 조사(audience rating survey)

시청률 조사란 일정한 시간에 얼마나 많은 사람들이 어떤 방송을 시청하였는지를 백분률로 조사하는 것을 의미합니다. 시청률 조사 방법으로는 전화조사, 일기식 조사, 오디미터, 피플미터 등 다양한 방법이 있습니다. 각각의 특징을 조사한 후 향후 더 좋은 방법은 없는지 생각해 봅시다.

문제 ⑨   관객 수를 기준으로 영화별 순위를 구하는 알고리즘을 쪽으로 작성해 보세요.

※※ 표현

잠시 쉬어갈까요?

사각형의 규칙

아래의 사각형의 규칙을 찾아 빈 칸에 들어갈 그림을 그려보세요.

△	♥	○	★	◇	△
♥	△	◇	★	○	♥
○			△	♥	○
★			△	◇	★
◇	△	♥	○	★	◇
△	◇	★	○	♥	△
♥	○	★	◇	△	♥
○	♥	△	◇	★	○
★	◇	△	♥	○	★

★	◇
○	♥

정답

△ ♥ ○ ★ ◇ 순으로

홀수 줄은 왼쪽에서 시작하며,

짝수 줄은 오른쪽에서 시작합니다.

4.2.6 최대치 최소치

★ 달리기 기록 중 가장 빠른 기록과 느린 기록을 구하는 과정을 생각해 볼까요?

★ 달리기 기록 중 가장 빠른 기록과 느린 기록을 구하는 과정을 쏙(SOC)으로 표현
해 봅시다.

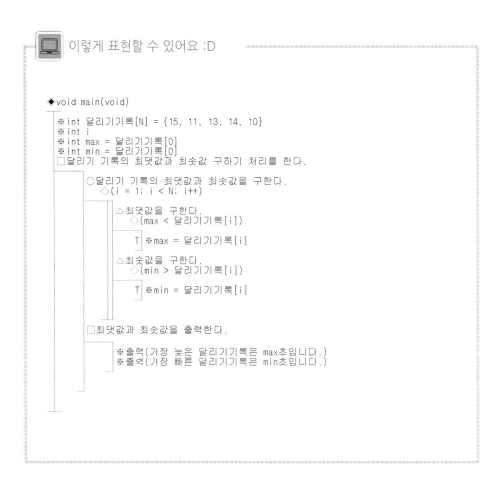

이렇게 표현할 수 있어요 :D

```
◆void main(void)
 ※int 달리기기록[N] = {15, 11, 13, 14, 10}
 ※int i
 ※int max = 달리기기록[0]
 ※int min = 달리기기록[0]
 □달리기 기록의 최댓값과 최솟값 구하기 처리를 한다.

    ○달리기 기록의 최댓값과 최솟값을 구한다.
     ◇(i = 1; i < N; i++)

       △최댓값을 구한다.
         ◇(max < 달리기기록[i])

         T ※max = 달리기기록[i]

       △최솟값을 구한다.
         ◇(min > 달리기기록[i])

         T ※min = 달리기기록[i]


    □최댓값과 최솟값을 출력한다.

         ※출력(가장 늦은 달리기기록은 max초입니다.)
         ※출력(가장 빠른 달리기기록은 min초입니다.)
```

♬ 더 연습해 볼까요?

문제 ①   한 해 전기 요금 중 가장 많이 나온 달과 가장 적게 나온 달을 구하는 알고리즘
을 쏙으로 표현해 보세요.

＊＊ 표현

 한국전력공사(KEPCO)

한국전력공사는 '한국전력공사법'에 의해 전원개발 촉진, 전력 수급 안정화,
국민 경제 발전의 기여를 목적으로 설립이 이루어진 법인입니다. 한국전력
공사의 스마트 그리드 사업에 대해 조사해 봅시다.

문제 ②   지점별 판매 실적이 제일 높은 지점과 낮은 지점을 구하는 알고리즘을 쏙으로

표현해 보세요.

* 표현

문제 ③   음식 중 판매량이 가장 많은 음식과 적은 음식을 구하는 알고리즘을 쏙으로 표

현해 보세요.

✳ 표현

 휴게소의 음식 판매율 TOP 6 !

1. 원두커피   2. 우동   3.호두과자   4. 생수   5. 라면   6. 어묵

문제 ④   지역별 강수량의 최댓값과 최솟값을 구하는 알고리즘을 쏙으로 표현해 보세요.

※ 표현

 강수량과 강우량의 차이

강수량 : 하늘에서 내리는 비·눈·우박 등 물의 성질을 가진 것을 통틀어
        이야기합니다.

강우량 : 어느 일정한 장소에, 일정 기간동안 내린 비의 양을 말합니다.

문제 ⑤   나라별 관광객수가 가장 많은 나라와 가장 적은 나라를 구하는 알고리즘을 쏙
으로 표현해 보세요.

 메모

문제 ⑥   수학시험에서 최고 득점자와 최저 득점자를 구하는 알고리즘을 쏙으로 표현
해 보세요.

✽✽ 표현

문제 ⑦   합격자 중 최고령 합격자와 최연소 합격자를 구하는 알고리즘을 쏙으로 표현
해 보세요.

※ 표현

 세계 최고령 초등학생은 몇 살일까요?

초등학생하면 보통 10대 어린이를 생각하지만, 아프리카 케냐에는 '세계 최
고령 초등학생'으로 기네스북에 등재된 92세의 초등학생이 있습니다. 교육
의 중요성을 보여주기 위해서 도전했다고 하네요. 그 분의 열정으로부터 어
떤 점을 본받을 수 있을지 의견을 나눠 봅시다.

문제 ⑧   관내 초등학교 학생 수를 비교하여 학생수가 가장 많은 학교와 가장 적은 학교

를 구하는 알고리즘을 쏙으로 표현해 보세요.

※ 표현

문제 ⑨   라면 판매량을 비교하여 가장 많이 팔린 라면과 가장 적게 팔린 라면을 구하는
알고리즘을 쏙으로 표현해 보세요.

✱ 표현

 우리나라 라면의 생일은 1963년 9월 15일!
식량 부족으로 어려움을 겪던 60년대에 삼양 식품이 일본으로부터 기술을
도입하여 라면 시장을 형성하고 현재에 이르렀다고 합니다.

잠시 쉬어갈까요?

별들의 논리적 사고

아래 그림에서 별을 4개 빼도 가로 세로 별의 합이 9를 나타내도록 만들어 보세요.

★★★	★★★	★★★	= 9
★★★		★★★	
★★★	★★★	★★★	= 9

9   9

정답

★★★★	★	★★★★	= 9
★		★	
★★★★	★	★★★★	= 9

9   9

4.3 복잡한 문제 해결에의 알고리즘 활용 실습

★ 학생별 성적 석차 구하기 및 검색에 대하여 생각해 봅시다.

시험 결과

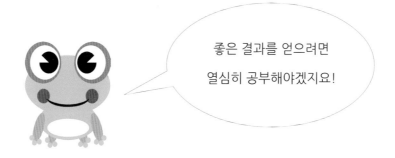

좋은 결과를 얻으려면
열심히 공부해야겠지요!

215

★ 학생별 성적 석차 구하기 및 검색 과정을 쏙(SOC)으로 표현해 봅시다.

이렇게 표현할 수 있어요 :D

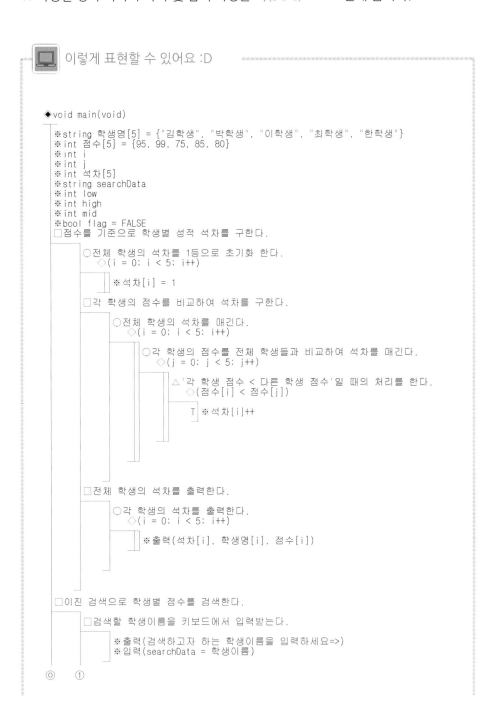

```
◆void main(void)
  ※string 학생명[5] = {"김학생", "박학생", "이학생", "최학생", "한학생"}
  ※int 점수[5] = {95, 99, 75, 85, 80}
  ※int i
  ※int j
  ※int 석차[5]
  ※string searchData
  ※int low
  ※int high
  ※int mid
  ※bool flag = FALSE
  □점수를 기준으로 학생별 성적 석차를 구한다.
        ○전체 학생의 석차를 1등으로 초기화 한다.
          ◇(i = 0; i < 5; i++)
            ※석차[i] = 1
        □각 학생의 점수를 비교하여 석차를 구한다.
            ○전체 학생의 석차를 매긴다.
              ◇(i = 0; i < 5; i++)
                ○각 학생의 점수를 전체 학생들과 비교하여 석차를 매긴다.
                  ◇(j = 0; j < 5; j++)
                    △'각 학생 점수 < 다른 학생 점수'일 때의 처리를 한다.
                      ◇(점수[i] < 점수[j])
                      T ※석차[i]++

        □전체 학생의 석차를 출력한다.
            ○각 학생의 석차를 출력한다.
              ◇(i = 0; i < 5; i++)
                ※출력(석차[i], 학생명[i], 점수[i])

  □이진 검색으로 학생별 점수를 검색한다.
        □검색할 학생이름을 키보드에서 입력받는다.
            ※출력(검색하고자 하는 학생이름을 입력하세요=>)
            ※입력(searchData = 학생이름)
  ⓪        ①
```

◎　①

□입력받은 학생이름이 목록에 있는지 이진 검색한다.

　　※low = 0
　　※high = 4
　　○목록 데이터를 둘로 나누는 방식으로 이진 검색한다.

T─　◇(low > high)
　　※mid = (low + high) /2
　　▲검색 성공시의 조치
　　　◇(searchData == 학생명[mid])

　　　　T　※flag = TRUE
　　　　2

　　　△2등분한 반쪽 데이터를 버리는 형식으로 검색범위를 재조정한다.
　　　　◇(searchData > 학생명[mid])

　　　　T　※low = mid +1

　　　　◇

　　　　T　※high = mid −1

　　△검색 성공여부를 출력한다.
　　　◇(flag == TRUE)

　　　　T　※출력(학생명[mid], 점수[mid])

　　　　◇

　　　　T　※출력(검색에 실패했습니다.)

잠깐 !

★　앞에서 익힌 다양한 알고리즘을 이용하여 여러가지 상황을 응용해

　　보세요.

♬ 더 연습해 볼까요?

문제 ①   다음은 자동차 회사의 매출 실적을 선택 정렬하고, 순차 검색으로 자동차 회사
의 매출 실적을 검색하는 알고리즘을 쏙으로 표현한 것입니다. 거품 정렬을 이
용하여 회사의 매출 실적을 정렬하고, 이진 검색으로 매출 실적을 검색하도록
알고리즘을 수정해 보세요.

```
◆void main(void)
  ※string 자동차회사[5] = {"A회사", "B회사", "C회사", "D회사", "E회사"}
  ※int 매출실적[5] = {10030, 19107, 13002, 11051, 16055}
  ※string 자동차회사buf
  ※int 매출실적buf
  ※int i
  ※int j
  ※string searchData
  ※bool flag = FALSE
  □매출 실적을 기준으로 선택 정렬한다.

      ○정렬 범위를 정하여 각 자동차 회사의 매출 실적으로 선택 정렬한다.
        ◇(i = 0; i < 5-1; i++)

            ○1회전 내림차순으로 선택 정렬을 수행한다.
              ◇(j = i+1; j < 5; j++)

                  △내림차순으로 데이터를 정렬한다.
                    ◇(매출실적[i] < 매출실적[j])

                      T ※자동차회사buf = 자동차회사[i]
                        ※자동차회사[i] = 자동차회사[j]
                        ※자동차회사[j] = 자동차회사buf
                        ※매출실적buf = 매출실적[i]
                        ※매출실적[i] = 매출실적[j]
                        ※매출실적[j] = 매출실적buf

      □매출 실적을 기준으로 선택 정렬한 결과를 출력한다.
        ○정렬이 끝난 자동차 회사와 매출 실적을 출력한다.
          ◇(i = 0; i < 5; i++)

              ※출력(자동차회사[i], 매출실적[i])

  □순차 검색으로 자동차 회사의 매출 실적을 검색한다.

      □검색할 회사명을 키보드에서 입력받는다.

          ※출력(검색하고자 하는 회사명을 입력하세요=>)
          ※입력(searchData = 회사명)

  ◎      ①      ②
```

```
◎    ①    ②
○입력받은 회사명이 목록에 있는지 전체 데이터를 검색한다.
 ◇(i = 0; i < 5; i++)

      ▲입력받은 회사명이 목록에 있을 때의 처리를 한다.
       ◇(searchData == 자동차회사[i])

        T ※flag = TRUE
        2

△검색 성공여부를 출력한다.
 ◇(flag == TRUE)

   T ※출력(자동차회사[i], 매출실적[i])

   ◇

   T ※출력(검색에 실패했습니다.)
```

※※ 표현

알고리즘 기반 컴퓨팅 사고 연습 04

하이브리드 카(hybrid car)

내연 엔진과 전기 자동차의 배터리 엔진을 동시에 장착하여 기존의 차량에 비해 연비 및 유해 가스 발생량을 획기적으로 줄인 차세대 자동차를 말합니다. 향후의 자동차는 어떻게 발전할지 토론해 봅시다.

문제 ②　　다음은 칼로리가 낮은 음식순으로 거품 정렬하고, 음식별 칼로리를 이진 검색
　　　　　하는 알고리즘을 쏙으로 표현한 것입니다. 선택 정렬을 이용하여 칼로리가 높
　　　　　은 음식순으로 정렬하고, 순차 검색으로 음식별 칼로리를 검색하도록 알고리
　　　　　즘을 수정해 보세요.

```
◆void main(void)
  ※string 음식명[5] = {"G음식", "C음식", "S음식", "I음식", "B음식"}
  ※int 칼로리[5] = {1646, 1415, 1458, 1626, 2248}
  ※string 음식명buf
  ※int 칼로리buf
  ※int i
  ※int j
  ※string searchData
  ※int low
  ※int high
  ※int mid
  ※bool flag = FALSE
  □음식명의 가나다순으로 거품 정렬한다.

      ○정렬 범위를 정하여 각 음식이름으로 거품 정렬한다.
       ◇(i = 0; i < 5; i++)

          ○1회전 오름차순으로 거품 정렬을 수행한다.
           ◇(j = 0; j < (5-1-i); j++)

              △오름차순으로 데이터를 정렬한다.
               ◇(음식명[j] > 음식명[j+1])

              T ※음식명buf = 음식명[j]
                ※음식명[j] = 음식명[j+1]
                ※음식명[j+1] = 음식명buf
                ※칼로리buf = 칼로리[j]
                ※칼로리[j] = 칼로리[j+1]
                ※칼로리[j+1] = 칼로리buf

  □가나다순으로 거품 정렬한 결과를 출력한다.

      ○정렬이 끝난 음식명과 칼로리을 출력한다.
       ◇(i = 0; i < 5; i++)

          ※출력(음식명[i], 칼로리[i])


  □이진 검색으로 음식의 칼로리량을 검색한다.

      □검색할 음식이름을 키보드에서 입력받는다.

          ※출력(검색하고자 하는 음식이름을 입력하세요=>)
          ※입력(searchData = 음식이름)

      □입력받은 음식이름이 목록에 있는지 이진 검색한다.

          ※low = 0

 ⓪     ①     ②
```

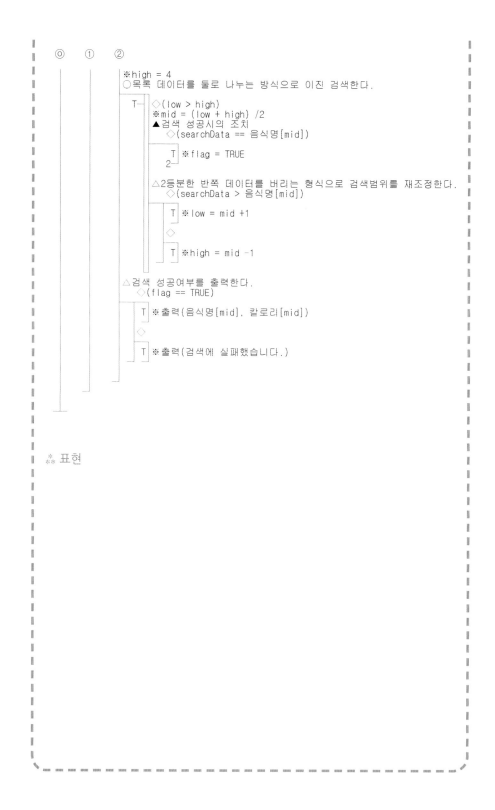

```
  ⓪   ①   ②
              ※high = 4
              ○목록 데이터를 둘로 나누는 방식으로 이진 검색한다.
          T─┐ ◇(low > high)
              ※mid = (low + high) /2
              ▲검색 성공시의 조치
                ◇(searchData == 음식명[mid])
                T  ※flag = TRUE
                2

              △2등분한 반쪽 데이터를 버리는 형식으로 검색범위를 재조정한다.
                ◇(searchData > 음식명[mid])
                T  ※low = mid +1
                ◇
                T  ※high = mid -1

          △검색 성공여부를 출력한다.
            ◇(flag == TRUE)
            T  ※출력(음식명[mid], 칼로리[mid])
            ◇
            T  ※출력(검색에 실패했습니다.)
```

※※ 표현

04

알고리즘 기반 응용프로그램 개발

문제 ③   다음은 여행지로 가고 싶어하는 사람이 많은 지역 순으로 선택정렬 하는 알고
리즘을 쏙으로 표현한 것입니다. 가장 많은 사람들이 선택한 지역과 가장 적은
사람들이 선택한 지역을 알아내는 알고리즘을 추가로 작성해 보세요.

```
◆void main(void)
※string 지역명[5] = ["서울", "경주", "전주", "부산", "강릉"}
※int 희망자수[5] = {201, 510, 352, 211, 105}
※string 지역명buf
※int 희망자수buf
※int i
※int j
□희망자수를 기준으로 선택 정렬한다.
     ○정렬 범위를 정하여 각 지역의 희망자수로 선택 정렬한다.
      ◇(i = 0; i < 5-1; i++)
          ○1회전 내림차순으로 선택 정렬을 수행한다.
           ◇(j = i+1; j < 5; j++)
               △내림차순으로 데이터를 정렬한다.
                ◇(희망자수[i] < 희망자수[j])
               T ※지역명buf = 지역명[i]
                 ※지역명[i] = 지역명[j]
                 ※지역명[j] = 지역명buf
                 희망자수buf = 희망자수[i]
                 ※희망자수[i] = 희망자수[j]
                 ※희망자수[j] = 희망자수buf

     □희망자수를 기준으로 선택 정렬한 결과를 출력한다.
     ○정렬이 끝난 지역명과 희망자수를 출력한다.
      ◇(i = 0; i < 5; i++)
          ※출력(지역명[i], 희망자수[i])
```

❊❊ 표현

🖌 메모

문제 ④ 무게가 가벼운 노트북순으로 거품 정렬하고, 가장 무거운 노트북과 가장 가벼운 노트북을 구하는 알고리즘을 작성해 보세요.

✳ 표현

노트북의 역사

노트북은 휴대하기 좋도록 접었다 펼쳐 사용할 수 있게 만든 컴퓨터입니다. 최초의 노트북은 1981년에 탄생했다고 합니다. 최초의 노트북은 매우 두껍고 무거웠으나, 현재는 두께나 무게, 성능면에서 매우 큰 진화를 하였습니다. 앞으로는 어떻게 발전할지 의견을 나눠 봅시다.

문제 ⑤   일주일간 일일 운동시간이 짧은 순으로 선택 정렬하고, 운동시간이 가장 긴 시

간과 가장 짧은 시간을 구하는 알고리즘을 쏙으로 작성해 보세요.

     ✻ 표현

 7330 프로젝트

    1주일(7일)에 3번 이상, 하루 30분 운동으로 건강지키기 !

문제 ⑥   저금액이 가장 많은 사람순으로 순위를 정하고, 순차 검색으로 저금액을 검색

하는 알고리즘을 쏙으로 작성해 보세요.

※ 표현

문제 ⑦   타자의 홈런 개수로 순위를 구하고, 순차 검색으로 타자의 이름으로 홈런 개수

를 검색하는 알고리즘을 작성해 보세요.

※ 표현

 KBO리그 시즌 정보!

프로 야구는 정규 시즌과 포스트 시즌 2개로 나뉩니다. 정규 시즌은 대략 3

월 말 시작해서 10월 초에 끝이 나지요. 시즌은 보통 팀당 128경기 (시즌 총

576경기)로 진행합니다.

문제 ⑧　　음원 다운로드가 많은 순으로 순위를 구하고, 순위별 음원 다운로드 수를 이진

　　　　검색하는 알고리즘을 쏙으로 표현해 보세요.

✽✽ 표현

🖌 메모

문제 ⑨   서울시, 광역시, 각 도별 인구 수를 ①지자체의 가나다순으로 선택 정렬하고, ②인구 수를 기준으로 순위를 구하고, ③인구가 가장 많은 지자체와 가장 적은 지자체를 구하고, ④지자체 이름을 입력받아 지자체별 인구수를 이진 검색하는 알고리즘을 작성해 보세요.

※※ 표현

 우리나라의 시와 도

우리나라는 서울특별시와 5개의 광역시(광주광역시, 대구광역시, 부산광역시, 울산광역시, 인천광역시)와 6개의 도(경기도, 강원도, 충청도, 경상도, 전라도, 제주특별자치도)로 나누어져 있습니다.

잠시 쉬어갈까요?

이것과 저것의 값은 ?

아래 조건을 보고 이것과 저것의 값을 구하세요.

[조건]

1. 저것은 이것의 7배입니다.

2. 이것과 저것을 더하고 2로 나눕니다.

3. 이것에 제곱을 하면 위의 값과 일치합니다.

$$\div 2$$

$$\times 7$$

▶ 정답   이것= 4, 저것 = 28

이것을 X라고 하면

조건 1에 의하면 저것은 7X 입니다.

조건2와 조건3에 의하면

$(X + 7X) / 2 = X^2$

$(8X) / 2 = X^2$

$4X = X^2$

$\therefore X = 4$

233

제5장

현재와 미래 문제의 창의적 해결 연습

5.1 미래 세대가 마주칠 현실 세계의 당면 문제들

★ 대기오염을 줄이기 위해서는 어떻게 해야할까요? 대기오염의 심각성을 인식하고,
그 해결 방법에 대하여 생각해 봅시다.

대기오염이 심각해
진다면 생명체는
어떻게 될까요?

·
·
·
·

설명하지 않아도 다들
알고 있겠지요?

대기 오염의 심각성을
생각해보고 맑은 공기의 중요성에
대하여 깨닫는 시간을
가져보기로 해요!

★ 대기 오염을 줄이기 위해 노력하는 과정을 쏙(SOC)으로 표현해 봅시다.

 잠깐 !

★ 여러분이 꿈꾸는 미래는 어떠한가요?

좀 더 나은 미래를 맞이하기 위해 지금의 문제들을 함께 해결해

나가도록 노력해보아요.

♬더 연습해 볼까요?

문제 ①   식량 위기를 극복하고, 안전하고 질 좋은 먹거리를 확보하기 위한 방법을 쏙으
로 나타내 보세요.

✲✲ 표현

239

 지구촌의 식량 위기

세계 인구의 증가, 산업화로 인한 경작지 감소, 이상기후로 인한 생산량 감소, 고유가로 인한 바이오 연료 사용 증가 등 여러가지 이유로 식량 부족 문제가 발생하고 있습니다. 근본적인 해결책을 생각해 봅시다.

문제 ②　　다양한 기상 이변의 원인으로 지적당하고 있는 지구온난화를 막기 위한 노력

　　　　　의 과정들을 쏙으로 나타내 보세요.

＊＊ 표현

05
연실 문제의 창의적 해결

 지구 온난화

산업 발달에 따른 화석 연료 사용 증가와 숲의 파괴 등으로 지구 표면의 평균 온도 상승폭이 커지고 있습니다. 그로 인해 이상 기후, 생태계 변화, 해수면 상승에 따른 여러가지 문제가 발생하고 있습니다. 지구 온난화의 유력한 원인으로 꼽히고 있는 온실가스 배출을 줄이기 위한 효과적인 방법으로는 어떤 것들이 있을지 토론해 봅시다.

문제 ③   에너지 자원 고갈에 대하여 생각해보고, 에너지 절약과 새로운 에너지 개발 측면에서 해결 방법을 쪽으로 작성해 보십시오.

※ 표현

 에너지 자원 고갈

세계인구는 2014년 기준으로 약 72억명을 넘어섰고, 2050년에는 약 91억명을 넘어설 것으로 예상하고 있습니다. 늘어나는 인구에 비해 한정된 자원으로 인해 화석 연료 등 지하 자원의 고갈이 머지않아 발생할 것입니다. 이러한 문제를 해결하기 위해서는 에너지 절약만으로는 어렵습니다. 신재생 에너지 개발 등 근본적인 방안을 생각해 봅시다.

문제 ④   급증하고 있는 변종 바이러스 관련 정보를 모은 후, 바이러스 전염을 최소화하기 위한 행동 지침을 쏙으로 작성해 보세요.

※ 표현

인간을 위협하는 변종 바이러스

1918년 스페인 독감, 1957년 아시아 독감, 2002년 사스, 2009년 신종플루, 2015년 메르스 등 바이러스는 끊임없이 인간을 위협하고 있습니다. 과학과 의학이 발달하였지만 바이러스도 급속히 진화하여 종간 장벽을 뛰어넘어 인간에게 전이되는 변종을 일으키고 있습니다. 컴퓨팅 사고 관점에서 근본적인 해결 방안에 대해 아이디어를 도출해 봅시다.

문제 ⑤ 세계적으로 증가하고 있는 자연 재해의 종류에 대해 생각해보고, 재해 발생 시

우리가 대처할 행동 지침을 쏙으로 작성해 보세요.

✳✳ 표현

 자연 재해

자연 현상으로 입는 재난으로 풍수해, 해일, 가뭄, 한파 등의 기상 재해와 지진, 화산폭발 등의 지질 재해로 구분할 수 있습니다. 근래에 들어 이상 기후에 의한 자연 재해가 늘어나고 있으며, 점차 대형화·다양화하고 있습니다. 어떻게 하면 예방이 쉬워질지 생각해 봅시다.

문제 ⑥   전쟁 및 테러 증가 추이를 살펴보고, 이를 줄일 수 있는 해결 방법의 도출을 쏙
으로 완성시켜 보세요.

** 표현

 끊이지 않는 전쟁과 테러

세계는 불안한 정치상황, 종교 갈등, 이해관계로 인한 전쟁과 테러위협이
끊이지 않고 있습니다. 이로 인해 무고한 인명 피해는 물론 난민 문제, 소중
한 문화 유산의 파괴 문제도 발생하고 있습니다. 전쟁과 테러에의 유형별
효과적인 대응 방안에 대해 의견을 나눠 봅시다.

문제 ⑦   증가하고 있는 보복 범죄를 줄일 수 있는 해결 방법을 찾는 과정을 쏙으로 작

성해 보세요.

❋ 표현

 보복 범죄의 증가

최근 일반 국민들 사이에 합의를 해주지 않은 피해자 본인이나 신고를 하거
나 증언을 한 협조자를 대상으로 보복 범죄 및 협박을 하는 경우가 증가하
고 있습니다. 보복 범죄에의 대처를 위해 특정 범죄 가중 처벌 등에 관한 법
률의 적용을 포함하여 어떤 방법들이 효과적일 수 있을지 생각해 봅시다.

문제 ⑧   세계 최저 수준의 저출산율을 기록하고 있는 우리나라가 앞으로 출산율을 높

이기 위한 방법을 마련하는 과정을 쏙으로 작성해 보세요.

※※ 표현

 세계 최저 수준의 출산율

우리나라의 출산율은 세계 224개국 중 219위(2014년 추정치)입니다. 앞으로 노년 인구만 늘어나고, 경제 활동 인구가 줄어들면 사회 전반에 활력을 잃고, 성장률 둔화, 세대간·계층간 갈등도 심해질 것입니다. 지금의 출산율은 20~30년 후의 미래의 인구구조를 결정합니다. 우리나라의 건강한 미래를 위해 출산율을 높이기 위한 방안으로는 어떤 것들이 있을지 생각해 봅시다.

문제 ⑨   고령화에 따른 사회 문제들에 대해 생각해 보고, 문제 해결을 위한 방법들을

쏙으로 표현해 보세요.

```
✽✽ 표현
```

고령화 사회

65세 이상 인구가 총인구를 차지하는 비율이 7%이상이면 고령화 사회,

14%이상이면 고령 사회, 20%이상이면 초고령 사회라고 합니다. 고령화

사회에서의 행복 지수 향상 방안으로는 어떤 것들이 있을까요?

잠시 쉬어갈까요?

숫자 놀이

아래의 사각형에서의 규칙을 찾아 빈칸을 채울 숫자를 넣어보세요.

11	20	4
8	★	9
3	5	12

12		5
	★	
4		9

정답

사각형의 규칙은
시계방향으로 숫자만큼 이동하는 것
입니다.

12	3	5
8	★	11
4	20	9

여러분이 직접 다양한 규칙을 정해 퀴즈를 만들어 보세요.

5.2 로봇을 이용한 인간 능력의 창의적 확장 연습

★ 회전 모터를 이용한 잔디깎이 로봇을 만들려면 어떻게 해야 할까요? 방법을 생각해 볼까요?

역시 로봇은 인간을 더 편리하게 해주네요!

★ 회전 모터를 이용해 잔디깎이 로봇을 만드는 과정을 쏙(SOC)으로 표현해 봅시다.

이렇게 표현할 수 있어요 :D

◆void main(void)
　　□회전 모터를 이용해 잔디깎이 로봇을 만든다.
　　　　□회전 모터를 장착한 로봇을 만든다.
　　　　　　※회전모터를 이용한 잔디깎이 로봇의 설계도를 만든다.
　　　　　　※로봇을 제작하는데 필요한 재료 목록을 만든다.
　　　　　　※회전 모터 등 로봇에 필요한 재료를 구입한다.
　　　　　　○설계도대로 로봇을 조립한다.
　　　　　　　　※설계도를 보고 로봇을 조립한다.
　　　　　　T　◇(조립이 완료되었는가)
　　　　　　※로봇의 전원을 켠다.
　　　　　　○로봇이 움직이는지 확인한다.
　　　　　　　　※로봇을 동작시킨다.
　　　　　　　　※로봇 동작을 테스트 한다.
　　　　　　　　△로봇의 동작 여부에 따라 행동한다.
　　　　　　　　　　◇(로봇이 정상적으로 작동하는가)
　　　　　　　　T　※로봇조립을 완료한다.
　　　　　　　　　◇
　　　　　　　　T　※다시 조립한다.
　　　　　　T─◇(로봇 동작 테스트가 충분한가)
　　　　□로봇을 제어할 프로그램을 만든다.
　　　　　　※로봇제어 프로그램을 설계한다.
　　　　　　※로봇제어 프로그램을 코딩한다.
　　　　　　※로봇 제어 프로그램을 실행시킨다.
　　　　　　○프로그램을 테스트 한다.
　　　　　　　　※로봇 제어기능을 테스트 한다.
　　　　　　　　△오류가 발생한 경우에 행동한다.
　　　　　　　　　　◇(오류가 발생했는가)
　　　　　　　　T　※오류를 수정한다.
　　　　　　T─◇(테스트가 충분한가)

♫더 연습해 볼까요?

문제 ①　　공원을 함께 산책하는 로봇을 만들기 위한 과정을 쏙으로 표현해 보세요.

※※ 표현

 자율 주행형 로봇

이용 환경과 용도에 따라 인간의 개입 없이 현재 상태와 센서값을 기준으로
의도한 일을 수행하기 위해 자율 주행이 가능한 로봇입니다.

문제 ② 기온, 습도를 감지하여 매일 아침 옷을 골라주는 코디네이터 로봇을 만드는 과
정을 쏙으로 표현해 보세요.

※※ 표현

 온도, 습도, 냄새를 감지하는 전자 피부

촉각만 감지하던 기존 전자 피부에서 발전하여 전기용량(전기를 저장하는 능력)의 변화를 이용하여 온도, 습도, 냄새를 동시에 감지가 가능한 전자 피부가 탄생하였습니다. 인간과의 교감은 물론 주변의 환경 감지까지 가능한 다양한 로봇의 개발 아이디어를 떠올려 봅시다.

261

문제 ③   주인의 목소리를 인식하는 강아지 로봇을 만드는 과정을 쪽으로 작성해 보세요.

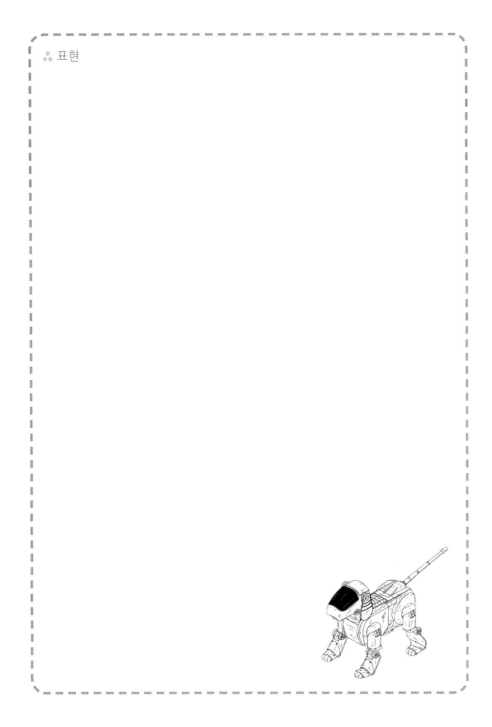

    ✳✳ 표현

 목소리 지문

손에 지문이 있듯이 목소리에도 성문이 있습니다. 성대와 구강 구조가 사람
마다 다르기 때문에 사람들은 모두 고유의 목소리를 가집니다. 목소리를 주
파수 변화에 따라 그래프로 표시하면 지문처럼 고유의 형상이 나타나기 때
문에 신원을 확인하는데 사용할 수 있습니다.

문제 ④　　터치 센서를 달아서, 악수하며 인사하는 로봇을 만드는 과정을 쏙으로 표현해

보세요.

* 표현

 감성 로봇 '페퍼'

일본의 소프트뱅크에서 만든 감성 로봇 '페퍼'는 사람의 표정과 목소리를 인식해 감정을 이해하는 로봇이라고 합니다. 한숨 쉬기 등 로봇 스스로의 감정 표현도 가능하다고 합니다. 공상 과학 만화에서 보아왔던 로봇 중에서 현실화할 수 있는 것들을 토론해 봅시다.

문제 ⑤   균형을 잡을 수 있는 센서를 부착하여 멋진 곡예를 선보이는 외줄타기 로봇을
만드는 과정을 쏙으로 나타내 보세요.

※※ 표현

자이로스코프

회전이 계속되는 동안에는 축의 방향과 관계없이 항상 처음에 설정한 일정
방향을 유지하며 중심을 잡는 팽이라고 할 수 있습니다. 이 원리는 각 운동
량 보존 법칙에 근거합니다. 드론, 전동 스쿠터, 전동휠 등을 비롯하여 자이
로스코프의 활용 분야를 생각해 봅시다.

문제 ⑥   과일의 당도, 무게, 색깔을 감지하여 잘 익은 과일을 수확하는 과수원 로봇을

만드는 과정을 쏙으로 표현해 보세요.

※※ 표현

 브릭스(brix)

브릭스는 과일이나 채소, 와인 등에 들어있는 당의 함량을 나타내는 단위로 독일의 과학자 Adolf F. Brix의 이름을 따서 만들어진 개념입니다. 물 100에 당이 1g이 있다면, 1브릭스가 됩니다. 브릭스 척도는 과일이나 채소를 수확하는데 적합한 시기를 결정할 때 사용되기도 합니다. 브릭스 척도를 사용할 수 있는 분야를 검토해 봅시다.

문제 ⑦   진동을 감지하여 지진이나 화산 폭발 등을 예측하게 도와주는 로봇을 만드는
과정을 쏙으로 표현해 보세요.

※ 표현

 천재지변 감지 로봇

천재지변 감지 로봇은 지진이나 화산 폭발 등의 천재지변을 미리 감지하고 원인을 분석하여 조기에 대처할 수 있도록 조치하는 활동을 하는 로봇을 의미합니다. 천재지변으로 분류할 수 있는 것들을 조사한 후 천재지변의 유형별 전문 대응을 위한 로봇의 기능을 생각해 봅시다.

문제 ⑧ 사람의 얼굴을 인식하고 데이터베이스에 저장한 인적 정보를 이용하여, 친절하게 손님을 맞아주는 손님맞이 로봇을 만드는 과정을 쏙으로 표현해 보세요.

✳︎✳︎ 표현

 얼굴 인식 기술

페이스북에서는 사람의 얼굴을 알아내는 '딥 페이스(97.25%의 인식률)'를
개발하였고, 후지제록스에서는 얼굴 인식 기능이 탑재한 복합기를 출시한바
있습니다. 얼굴 인식 기술은 인천 공항의 출입국심사, 사무실 출입 통제, 출
퇴근 기록 등 다양하게 사용하고 있습니다. 그 밖에 어떤 용도에 사용할 수
있을지 응용 분야를 생각해 봅시다.

05
연일 문제의 창의적 해도 연습

문제 ⑨   분리 수거 코드를 인식하여 분리 수거를 하는 분리 수거 로봇을 만드는 과정을
쏙으로 표현해 보세요.

＊＊ 표현

 올바른 분리 수거 습관

쓰레기 중에서 종이팩, 유리, 페트, 플라스틱, 비닐류, 캔류(알미늄, 철)를 제외한 거울, 도자기류, 내열 식기류, 형광등, 전구 등은 재활용되지 않으니 참고해 주세요. 재활용 분리 수거 로봇을 만들 때 고려해야 할 사항들에 대해 토론해 봅시다.

잠시 쉬어갈까요?

유치원생의 덧셈

유치원에서 선생님이 아이들한테 수학 문제 몇 문제를 숙제로 냈습니다.

다음날 선생님은 숙제를 검사하고는 한 아이를 불러 답이 다 틀렸다고 하셨습니다. 숙제의 답들은 아래와 같습니다.

하지만 이 아이가 푼 문제의 답도 어떤 시각에서는 정답이라고 볼 수 있습니다. 과연 이 아이는 문제를 어떻게 푼 것일까요?

$$1 + 5 = 6$$
$$7 + 8 = 3$$
$$9 + 1 = 10$$
$$12 + 1 = 1$$
$$7 + 5 = 12$$

➡ 힌트

이 아이는 문제를 풀다 도저히 모르겠어서

어떠한 물건을 보고 문제를 풀었는데

그 물건은 바로 시계입니다.

5.3 IoT 기술을 이용한 현실 세계의 문제 해결 연습

★ 생체 센서를 통해 노인의 활동을 모니터링하는 방법을 생각해 볼까요?

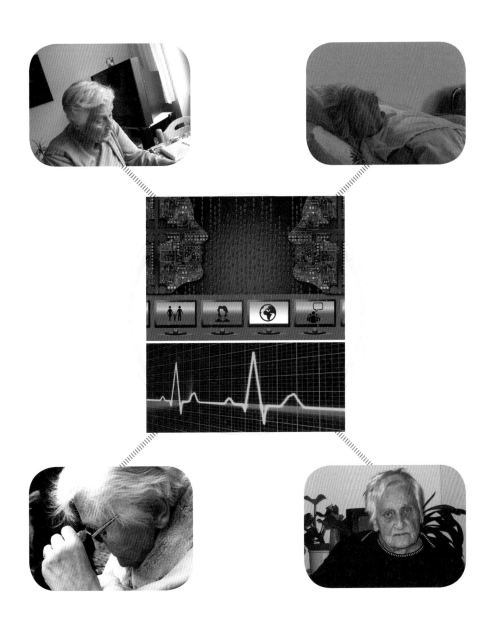

IoT의 적용 분야는 무궁무진합니다. 여러분의 상상력을 펼쳐보세요 !

05 연습 문제의 창의적 해결 연습

★ 생체 센서를 통해 노인의 활동을 모니터링하는 과정을 쏙(SOC)으로 조립해 봅시다.

🖥 이렇게 표현할 수 있어요 :D

```
◆void main(void)
  □생체 센서를 통해 노인의 건강상태를 모니터링 한다.
    □생체활동 모니터링을 위한 준비를 한다.
      ※생체활동 측정 센서를 준비한다.
      ※생체활동 측정이 가능한 물건에 센서를 부착한다.
      ※센서를 작동한다.
      ※생체활동 측정 데이터를 받을 시스템을 작동한다.
      ※데이터 송수신이 결과를 확인한다.
      △데이터 송수신이 원활하지 않을 경우 행동한다.
        ◇(네트워크 불량인가)
        T ※네트워크를 정비한다.
        ◇(센서의 불량인가)
        T ※센서를 수리한다.
        ◇(모니터링 시스템의 오류인가)
        T ※모니터링 시스템의 오류를 수정한다.

    □생체활동 모니터링을 한다.
      ○생체활동 모니터링을 한다.
      ※생체활동을 정상인지 확인한다.
      ※모니터링 결과를 주기적으로 보호자와 주치의에게 전달한다.
      △생체활동의 이상 소견이 포착된 경우에 행동한다.
        ◇(생체활동에 이상 소견이 발생했는가)
        T ※보호자와 주치의에게 결과를 통보한다.
      △생체활동 데이터가 측정되지 않을 경우에 행동한다.
        ◇(노인에게 전화를 걸었을 때 통화가 가능한가)
        T ※장애 원인을 파악하여 처리한다.
        ◇
        T ※보호자에게 연락한다.
          ※119에 신고한다.
```

♬ 더 연습해 볼까요?

문제 ①   온도, 습도, 공기 내 산소 비율, 미세먼지 등을 인식하여 최적의 실내 공기의

질을 유지시켜주는 공기 유지 장치를 설계하는 과정을 쏙으로 작성해 보세요.

```
** 표현
```

 산업통상자원부에서 권장하는 적정 실내 온도와 습도

적정 실내 온도는 계절에 따라 달라집니다.

여름철 실내 온도는 26℃, 습도는 40%정도이고, 겨울철에는 18℃, 습도
는 60%정도입니다. 실내에 쌓인 이산화탄소와 먼지 등을 방출해 주기 위
해 자주 환기시키는 것이 중요합니다. 실내 온도와 습도를 측정하여 대응하
는 장치에 필요한 기능에 대해 의견을 나눠 봅시다.

문제 ②   맥박, 혈압, 호흡, 체온 등을 모니터링 하여 환자와 주치의가 지속적으로 건강

관리를 할 수 있는 장치를 개발하는 과정을 쏙으로 표현해 보세요.

✳ 표현

🎖 바이탈 싸인(vital sign)

바이탈 싸인이란 사람이 살아 있다는 것을 보여주는 활력 징후(맥박, 혈압, 호흡, 체온)를 말합니다. 성인을 기준으로 맥박은 평균 72회, 혈압은 80-120mmHg, 호흡은 분당 평균 18회, 체온은 평균 36.5℃가 정상 범위입니다. 바이탈 싸인 측정 기기를 사용할 때 고려해야할 사항을 생각해 봅시다.

문제 ③ 전기, 가스, 수도 등 에너지 사용량을 모니터링 하여, 생활 속에서 에너지를 절약할 수 있는 팁을 지속적으로 제공하는 장치를 개발하는 과정을 쏙으로 표현해 보세요.

** 표현

 실시간 에너지 사용량 모니터링 시스템

전기, 가스, 수도 계량기 등을 검침원이 일일이 방문하지 않고 원격에서 단말기를 이용해 검침 데이터를 읽을 수 있는 원격 검침에서 발전하여, 최근에는 사용자가 소비하는 에너지의 사용량을 기기별·시기별로 실시간으로 확인이 가능하고, 설정한 사용량을 초과한 경우 경고 메시지를 알려주는 등 사용자 스스로 에너지를 관리할 수 있는 시스템 도입이 늘어나고 있습니다. 더 혁신적인 방법이 있는지 생각해 봅시다.

문제 ④   자동차를 운전하려는 사람이 등록된 사용자가 아닌 경우 관리자에게 경보를
          호출하고, 관리자가 사용을 승인해야 운전이 가능하도록 하는 자동차를 개발
          하는 과정을 쏙으로 표현해 보세요.

＊. 표현

285

 자동차 해킹

최근의 자동차는 단순한 기계장치를 넘어 양방향 인터넷과 모바일 서비스 등이 가능한 커넥티드 카 단계에 들어서 있고, 모든 운전이 컴퓨터로 제어 되는 자율주행차 기술도 시험운행 단계에 이르렀습니다. 이렇게 자동차가 컴퓨터화될수록 해킹에 대한 위험도 높아져 불안감 역시 커지고 있습니다. 도난은 물론 사람의 목숨까지 위협할 수 있는 보안 취약점들을 해결하여 안 전하게 도로를 달리는 방법을 생각해 봅시다.

문제 ⑤   휘트니스 센터의 회원들이 운동하는 동안 심박수, 운동 강도, 칼로리 예상 소
비량 등을 트레이너가 모니터링하면서, 효과적인 운동을 하도록 코치하는 장
치를 설계하는 방법을 쪽으로 작성해 보세요.

※※ 표현

 운동중독증

1분에 120회 심박수로 30분 이상 운동을 하면 엔돌핀 분비를 촉진하여 행복감을 느낍니다. 이런 기분 좋은 감정을 유지하기 위해 스스로의 한계점을 느끼지 못하고 운동을 계속하는 것을 운동중독증이라고 합니다. 중독 증세의 지속은 근골격계 부상위험, 만성피로, 심장의 과도한 부담, 피로로 인한 부상, 불안감 등 부작용을 낳습니다.

운동중독증을 해결하기 위한 방안을 생각해 봅시다.

문제 ⑥   외출시 스마트 폰으로 집안의 조명, 가스, 출입문, 창문 등을 제어할 수 있는
스마트 홈케어 서비스를 제공하기 위한 과정을 쪽으로 작성해 보세요.

*** 표현

현실로 다가온 미래의 집

최근 IoT 기술의 발달로 가전기기, 에너지 관련 장치, 보안장치 등 집안의
모든 장치를 통신망으로 연결해 사용자가 외부에서 모니터링과 제어할 수
있는 서비스를 이용할 수 있습니다. 앞으로 미래의 집을 더욱 발전시키기
위해 어떠한 아이디어를 생각할 수 있을지 토론해 봅시다.

문제 ⑦   드론을 이용해 무인 배달 서비스를 하기 위한 방법을 쏙으로 만들어 보세요.

** 표현

 드론

조종사 없이 무선전파에 의해 비행과 조종이 가능한 비행기나 헬리콥터를 말합니다. 처음에는 군사용으로 개발되었으나 최근에는 다양한 민간 분야로 영역이 넓어졌습니다. 앞으로 '안전'이나 '사생활 침해' 등을 포함하여 관련 법 규정이나 법 개정 등 민간 상업용 드론의 어떤 정비가 필요할지 의견을 나눠 봅시다.

문제 ⑧   특수 작물의 생산성을 높이기 위해 비닐 하우스의 온도, 습도, 이산화탄소 농
도 등을 스마트 폰으로 자동 제어하는 설비를 개발하는 과정을 쏙으로 표현해
보세요.

* 표현
**

 특수 작물 재배

최근 귀농·귀촌 인구 증가와 농가소득 증대를 위해 IT기술을 활용한 고소득 특수 작물 재배에 대한 관심이 높아지고 있습니다. 특수 작물 유형별 재배를 하는 기기를 만들기 위해 어떠한 기능들이 필요한지, 유형별 조사를 한 후 의견을 나눠 봅시다.

문제 ⑨   위험한 산업현장에서 가스, 독극물 등의 누출 여부, 작업자의 움직임 체크, 보

호 장비의 착용 여부 등을 모니터링하여 산업 재해 예방 및 산업 재해 발생시

대응 속도를 높이기 위한 시스템 개발 과정을 쪽으로 작성해 보세요.

✱ 표현

산업현장 중대 재해 예방

화학 물질 폭발·누출 사고, 건설 공사장 수몰·붕괴 사고 등 사망자를 동반한 대형 사고가 반복적으로 발생하고 있습니다. 이러한 산업 재해는 근로자와 그 가족은 물론 지역 사회에까지 고통을 줄 수 있습니다. 사업장 내에서 안전 보건 의식을 가지고 모두의 안전과 건강을 지키기 위해 고려해야 할 사항들에 대해 의견을 나눠 봅시다.

잠시 쉬어갈까요?

별들의 전쟁

9개의 별들이 있습니다.

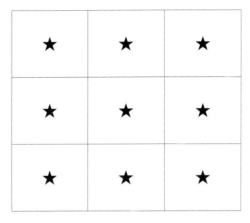

이제 이 9개의 별들을 8개의 직선 방화벽을 사용하여 한 개씩 분류할 것입니다. 과연 직선 방화벽을 어디에 만들어야 할까요?

 정답

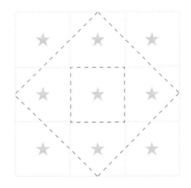

부　록

1. 참고 문헌

1. Flow Diagrams, Turing Machines And Languages With Only Two Formation Rules, CORRADO BÔHM AND GIUSEPPE JACOPINI, Communications of the ACM, Volume 9/ Number 5/ May, 1966, page 366~371

2. Structured Programming with go to Statements, DONALD E. KNUTH, Computing Surveys, Vol. 6, No. 4, December 1974, page 261~3013.

3. Letters to the Editor(Go To Statement Considered Harmful), EDSGER W. DIJKSTRA, Communications of the ACM, Volume 11/ Number 3/ March, 1968, page 147~148

4. Gary B. Shelly, http://www.amazon.com/Gary-B.-Shelly/e/B000AP9Q9G, 2014

5. プログラミングの方法(A METHOD OF PROGRAMMING), Edsger W. Dijkstra and W.H.J. Feijen, 玉井 浩 譯, サイエンス社, 1991

6. Generating test cases from UML activity diagram based on Gray-box method, Valdis Vitolins, Audris Kalnins, Software Engineering Conference, 2004. 11th Asia-Pacific, 2004

7. ダイアグラム法による ソフトウェア構造化技法(Diagramming Techniques for Analysts and Programmers), James Martin & Carma McClure, 國友義久·渡邊純一 譯, 近代科學社, 1991

8. 問題解決型 業務改善の考え方·進め方, 森谷宜暉·山下福夫 共著, 産能大學出版部, 1990

9. 새틀(SETL)을 이용한 시각화 SW 설계 자동화 방법론, 유홍준, (주)소프트웨어품질기술원, 2015

10. 시각화 설계 자동화 도구 새틀(SETL) 시작하기, 유홍준, (주)소프트웨어품질기술원, 2015

11. Computational Thinking and Thinking About Computing, Jeannette M. Wing, Carnegie Mellon University, 2008

12. MINDSTORMS: Children, Computers, and Powerful Ideas, Seymour Papert, Basic Books, Inc., Pblishers, 1980

13. An exploration in the space of mathematics educations, Seymour Papert,

BInternational Journal of Computers for Mathematical Learning 1., 1996

14. Exploring Computational Thinking, https://www.google.com/edu/resources/programs/exploring-computational-thinking/, 2015

15. Computational thinking, Jeannette M. Wing, Communications of the ACM, 2006

16. Exploring Issues About Computational Thinking in Higher Education, Betul C. Czerkawski and Eugene W. Lyman III, TechTrends: Linking Research & Practice to Improve Learning. Mar2015, Vol. 59 Issue 2, p57-65. 9p.

17. Computation and computational thinking, Aho, A. V., Computer Journal, 55(7), 832-835, 2012

18. Supporting all learners in school-wide computational thinking: A cross-case qualitative analysis, Maya Israel, Jamie N. Pearson, Tanya Tapia, Quentin M. Wherfel, George Reese, Computers & Education, 2015

19. Computational Thinking the Intellectual Thinking for the 21st century, J. Shailaja and Dr. R. Sridaran, Dean, International Journal of Advanced Networking Applications (IJANA), 2015

20. Computational Thinking in Life Science Education, Amir Rubinstein and Benny Chor, PLoS Computational Biology. 2014

21. Comparing Virtual and Physical Robotics Environments for Supporting Complex Systems and Computational Thinking, Berland, M. and Wilensky, U., Journal of Science Education and Technology, 2015

22. Research of from Theory to Practice about Computational thinking, Tao Zhan, Zhigang Liao and Li Gao, Advanced Materials Research, 2014

23. Analysis on the Reform of Computer Teaching for Computational Thinking Ability in Fine Arts Academies, Wang Cheng, Zhao Feng and Li Lin, Applied Mechanics and Materials, 2014

24. Programming: A Key Component of Computational Thinking in CS Courses for Non-Majors, Stephen Cooper and Wanda Dann, ACM Inroads, 2015

25. Computational Thinking in Elementary and Secondary Teacher Education, Aman Yadav, chris Mayfield, Ninger Zhou, Susanne Hambrusch and John T. Korb, ACM Transactions on Computing Education, 2014

2. NCS 기반 평가지침 사례

• 평가 방법

- 평가자는 능력단위 시각화 컴퓨팅 사고 연습의 수행 준거에 제시되어 있는 내용을 평가하기 위해 이론과 실기를 나누어 평가하거나 종합적인 결과물의 평가 등 다양한 평가 방법을 사용할 수 있다.
- 피 평가자의 과정 평가 및 결과 평가 방법

평가 방법	평가 유형	
	과정 평가	결과 평가
A. 포트폴리오		∨
B. 문제 해결 시나리오		∨
C. 서술형 시험		
D. 논술형 시험		
E. 사례 연구		∨
F. 평가자 질문		
G. 평가자 체크리스트		
H. 피 평가자 체크리스트	∨	
I. 일지/저널		
J. 역할 연기		
K. 구두 발표	∨	
L. 작업장 평가	∨	
M. 기타		

3. NCS 기반 강의계획서 사례

<table>
<tr><td colspan="3" align="center">강의계획서</td></tr>
</table>

직무	능력단위/책무(Duty)	능력단위 코드
시각화 컴퓨팅 사고 연습 (Visualized Computational Thinking Practice)	컴퓨팅 사고 기본 개념 이해하기	
	논리 기반 컴퓨팅 사고 연습하기	
	알고리즘 기반 컴퓨팅 사고 연습하기	
	현재와 미래의 문제 창의적 해결하기	

교과목 명	시각화 컴퓨팅 사고 연습	이수 구분	전공필수/전공선택	담당 교수	홍길동
학년-학기	0학년-0학기	학 점	3	시수 (이론/실습)	3(1/2)

교과 목표 (학습 목표)	컴퓨팅 사고(computational thinking)의 핵심을 형성하는 추상화, 분해, 패턴 인식 및 알고리즘 등을 시각화 하는 자동화 기술을 이용하여 연습을 통해 쉽게 익힐 수 있도록 하여, SW 학습 능력의 향상과 현재 및 미래 사회의 문제를 창의적이고 융합적인 접근 방법으로 해결하는 역량의 확보와 이를 기반으로 컴퓨팅 사고 능력을 효율적으로 증진하는데 있다.

교수 학습 방법	이론 강의	실습	발표	토론	팀프로젝트	캡스톤디자인	프트폴리오	기타
	○	○	○	○	○			

교육 장소 (시 설)	일반 강의실	전용 실습실	컴퓨터 실습실	…	외부교육 시설	기타
		○	○			

교재 (NCS 학습 모듈)	주교재	새틀(SETL)을 이용한 시각화 컴퓨팅 사고 연습
	부교재	새틀(SETL)을 이용한 시각화 SW 설계 자동화 방법론
	참고 교재	새틀(SETL)을 이용한 시각화 C언어 기초 익히기

평가 방법	A	B	C	D	E	F	G	H	I	J	K	L	M
	○	○			○			○			○	○	

A. 포트폴리오 B. 문제 해결시나리오 C. 서술형 시험 D. 논술형 시험 E. 사례 연구 F. 평가자 질문 G. 평가자 체크리스트 H. 피평가자 체크리스트 I. 일지/저널 J. 역할 연기 K. 구두 발표 L. 작업장평가 M. 기타
※세부내용은 평가계획서에 기술됨

관련 능력 단위 요소/ 작업(Task)	수행 준거	지식·기술·태도
컴퓨팅 사고 기본 개념 이해하기	1.1 컴퓨팅 사고의 탄생 배경과 필요성을 이해 할 수 있다. 1.2 컴퓨팅 사고의 정의와 구성 요소를 이해할 수 있다. 1.3 기존의 컴퓨팅 사고 접근 방법의 문제점을 이해할 수 있다. 1.4 시각화 컴퓨팅 사고 접근을 통한 문제 해 결 방법을 이해할 수 있다.	[지식] ○ 컴퓨팅 사고 역사 ○ 컴퓨팅 사고 접근 방법 ○ 프로그래밍 논리 자동화 방법 [기술] ○ 컴퓨팅 사고 요소 기술 ○ 컴퓨팅 사고 시각화 기술 [태도] ○ 개념 습득을 위한 적극적인 자세 ○ 원리 이해를 지향한 집중적인 탐구 자세
논리 기반 컴퓨팅 사고 연습하기	2.1 일상 생활의 문제 해 결 절차를 이해할 수 있다. 2.2 문제 해결의 기본 원 리를 이해할 수 있다. 2.3 논리의 분해와 결합을 통해 컴퓨팅 사고를 증진할 수 있다. 2.4 컴퓨팅 사고 논리의 융합을 통해 문제를 해결할 수 있다.	[지식] ○ 문제 해결 원리 ○ 논리적 사고 방법 ○ 컴퓨팅 사고 논리 융합 방법 [기술] ○ 논리의 시각화 기술 ○ 조립 분해 자동화 기술 ○ 시각화 SW 공학 기술 [태도] ○ 논리 구성에 대한 끈기있는 자세 ○ 원리 이해를 위한 적극적인 태도 ○ 자신이 정립한 논리의 유연한 전달 자세 ○ 과제의 철저한 실습을 위한 성실한 마음가짐
알고리즘 기반 컴퓨팅 사고 연습하기	3.1 컴퓨팅 사고와 알고 리즘의 관계를 이해할 수 있다. 3.2 기본 알고리즘의 개념 을 이해할 수 있다. 3.3 기본 알고리즘을 현 실에 응용할 수 있다 3.4 복잡한 문제 해결에 알고리즘을 활용할 수 있다.	[지식] ○ 알고리즘의 기본 개념 ○ 컴퓨팅 사고와 알고리즘 연계 방법 [기술] ○ 문제 해결 알고리즘 패턴화 기술 ○ 문제 해결 알고리즘 구조화 기술 ○ 알고리즘의 문제 해결 응용 기술 [태도] ○ 복잡한 문제 해결에 대한 적극적인 자세 ○ 문제에 대한 객관적인 인식 태도 ○ 협업을 통한 문제 해결 능력 극대화 자세

관련 능력 단위 요소/ 작업(Task)	수행 준거	지식·기술·태도
현재와 미래의 문제 창의적 해결하기	4.1 미래 세대가 마주칠 당면 문제 해결에 시각화 기술을 적용할 수 있다. 4.2 로봇을 이용한 인간 능력의 창의적 확장을 실현할 수 있다. 4.3 IoT 기술을 활용하여 현실 세계의 문제 해결에 적용할 수 있다.	[지식] ○ 컴퓨팅 사고 시각화 방법 ○ 설계와 코딩 융합 개발 방법 ○ 알고리즘 패턴 응용 방법 [기술] ○ 추상화 및 구체화 기술 ○ 프로그래밍 논리 시각화 응용 능력 ○ 알고리즘 패턴 창의적 진화 기술 [태도] ○ 실사회에 컴퓨팅 사고를 적용하려는 자세 ○ 목표 문제 해결 과제를 이해가 용이하도록 정리하는 자세 ○ 현실 세계 문제 해결을 위한 원활한 의사소통

주차별 학습내용			
주차	관련 능력단위 요소 /작업(Task)	수업내용	비고
1	컴퓨팅 사고 기본 개념 이해하기	- 컴퓨팅 사고의 탄생 배경과 필요성 - 컴퓨팅 사고의 구성 요소 - 기존 컴퓨팅 사고 접근방법의 문제점 - 시각화 컴퓨팅 사고 접근을 통한 문제 해결	
2	논리 기반 컴퓨팅 사고 연습하기	- 시각화 컴퓨팅 사고 지원 도구 새틀(SETL)의 소개 - 새틀(SETL)의 설치 방법 - 새틀(SETL)의 기본적인 사용 방법 - 일상 생활의 문제 해결 절차 연습	
3	논리 기반 컴퓨팅 사고 연습하기	- 문제 해결의 기본 원리 - 논리의 분해와 결합을 이용한 컴퓨팅 사고 증진 연습	
4	논리 기반 컴퓨팅 사고 연습하기	- 컴퓨팅 사고 논리의 융합을 통한 문제 해결 실습	
5	알고리즘 기반 컴퓨팅 사고 연습하기	- 컴퓨팅 사고와 알고리즘의 관계 - 기본 알고리즘의 이해 - 거품 정렬 알고리즘 중심의 연습 - 거품 정렬 알고리즘 중심의 응용	

주차	관련 능력단위 요소 /작업(Task)	수업내용	비고
6	알고리즘 기반 컴퓨팅 사고 연습하기	- 선택 정렬 알고리즘 중심의 연습 - 선택 정렬 알고리즘 중심의 응용	
7	알고리즘 기반 컴퓨팅 사고 연습하기	- 순차 검색 알고리즘 중심의 연습 - 순차 검색 알고리즘 중심의 응용	
8	알고리즘 기반 컴퓨팅 사고 연습하기	- 이진 검색 알고리즘 중심의 연습 - 이진 검색 알고리즘 중심의 응용	
9	알고리즘 기반 컴퓨팅 사고 연습하기	- 순위 구하기 알고리즘 중심의 연습 - 순위 구하기 알고리즘 중심의 응용	
10	알고리즘 기반 컴퓨팅 사고 연습하기	- 최대치 최소치 알고리즘 중심의 연습 - 최대치 최소치 알고리즘 중심의 응용	
11	알고리즘 기반 컴퓨팅 사고 연습하기	- 복잡한 문제 해결 알고리즘 연습 - 복잡한 문제 해결 알고리즘 응용	
12	현재와 미래의 문제 창의적 해결하기	- 미래 세대가 마주칠 현실 세계의 당면 문제 연습 - 미래 세대가 마주칠 현실 세계의 당면 문제 응용	
13	현재와 미래의 문제 창의적 해결하기	- 로봇을 이용한 인간 능력의 창의적 확장 연습 - 로봇을 이용한 인간 능력의 창의적 확장 응용	
14	현재와 미래의 문제 창의적 해결하기	- IoT 기술을 이용한 현실 세계의 문제 해결 연습 - IoT 기술을 이용한 현실 세계의 문제 해결 응용	

4. NCS 기반 평가계획서 사례

평가계획서				
교과목 명	시각화 컴퓨팅 사고 연습		담당 교수	홍길동
관련 직무명	시각화 컴퓨팅 사고 연습		능력단위명 (능력단위 코드)	시각화 컴퓨팅 사고

<table>
<tr><td rowspan="7">평가
개요</td><td colspan="2">구분</td><td>배점</td><td>평가 개요</td></tr>
<tr><td colspan="2">진단 평가</td><td>-</td><td>• 컴퓨팅 사고 교과의 학습 성과를 달성하는데
필요한 사전 지식을 평가한다.</td></tr>
<tr><td colspan="2">출석평가</td><td>20%</td><td>• 매주 수업의 출결을 확인한다.</td></tr>
<tr><td colspan="2">직무능력평가 1</td><td>20%</td><td>• 컴퓨팅 사고 탄생 배경과 필요성에 대한 이해
• 컴퓨팅 사고의 정의, 구성 요소, 문제점, 해결 방안</td></tr>
<tr><td colspan="2">직무능력평가 2</td><td>20%</td><td>• 문제 해결 절차 및 문제 해결 원리에 대한 이해
• 논리의 분해, 결합, 융합을 통한 문제 해결</td></tr>
<tr><td colspan="2">직무능력평가 3</td><td>20%</td><td>• 컴퓨팅 사고와 알고리즘의 관계에 대한 이해
• 알고리즘 개념 이해 및 응용과 복잡한 문제의 해결</td></tr>
<tr><td colspan="2">직무능력평가 4</td><td>20%</td><td>• 미래 세대의 당면 문제에의 시각화 기술 적용 이해
• 로봇 및 IoT 기술을 활용한 현실 세계의 문제 해결</td></tr>
</table>

평가 항목	평가 내용 및 방법
진단 평가	· 평가 내용: 시각화 컴퓨팅 사고 연습 교과의 학습 성과를 달성하는데 필요한 사전 지식을 평가한다. · 평가시기: 1주차 · 영역별 평가 내용

<table>
<tr><td rowspan="2">평가
영역</td><td rowspan="2">문항</td><td colspan="3">자가 진단</td></tr>
<tr><td>우수</td><td>보통</td><td>미흡</td></tr>
<tr><td rowspan="2">공통
기초</td><td>1. 평소 패턴 기반의 논리적인 사고를 한다.</td><td></td><td></td><td></td></tr>
<tr><td>2. 컴퓨팅 사고를 문제 해결에 적용하고 있다.</td><td></td><td></td><td></td></tr>
<tr><td rowspan="3">컴퓨팅
사고 기본
개념 이해
하기</td><td>3. 컴퓨팅 사고의 탄생 배경과 필요성을 이해
하고 있다.</td><td></td><td></td><td></td></tr>
<tr><td>4. 컴퓨팅 사고의 정의와 구성 요소를 이해하
고 있다.</td><td></td><td></td><td></td></tr>
<tr><td>5. 기존의 컴퓨팅 사고 접근 방법의 문제점과
시각화를 통한 해결 방법을 이해하고 있다.</td><td></td><td></td><td></td></tr>
</table>

평가 항목	평가 내용 및 방법

평가 영역	문항	자가 진단		
		우수	보통	미흡
논리 기반 컴퓨팅 사고 연습 하기	7. 일상 생활에서의 문제 해결 절차를 이해하고 있다.			
	8. 문제 해결의 기본 원리를 이해하고 있다.			
	9. 논리의 분해와 결합을 통해 컴퓨팅 사고를 증진할 수 있다.			
	10. 컴퓨팅 사고 논리의 융합을 통해 문제를 해 결할 수 있다.			
알고리즘 기반 컴퓨팅 사고 연습 하기	11. 컴퓨팅 사고와 알고리즘의 관계를 이해하 고 있다.			
	12. 기본 알고리즘의 개념을 이해하고 있다.			
	13. 기본 알고리즘을 현실에 응용할 수 있다.			
	14. 복잡한 문제 해결에 알고리즘을 활용할 수 있다.			
현재와 미래의 문제 창의적 해결하기	15. 미래 세대가 마주칠 당면 문제 해결에 시각 화 기술을 적용할 수 있다.			
	16. 로봇을 이용한 인간 능력의 창의적 확장을 실현할 수 있다.			
	17. IoT 기술을 활용하여 현실 세계의 문제 해 결에 적용할 수 있다.			

· 평가 방법: 자가 진단 체크리스트
· 평가시 고려사항:
- 진단 평가 결과는 성적에 포함하는 것이 아니므로 솔직하게 응답하도록 한다.
· 평가 결과 활용 계획: 평가결과에 따라 교수 학습계획을 수정·보완한다.

출석 평가	· 학교의 출석관련 규정 및 지침에 따름

평가 항목	평가 내용 및 방법
직무 능력 평가 1	· 관련 능력단위 요소: 컴퓨팅 사고 기본 개념 이해하기 · 평가 내용: 컴퓨팅 사고의 탄생 배경, 필요성, 정의, 구성 요소, 문제점, 해결 방법에 대한 폭넓은 이해를 바탕으로 조립 및 분해 식의 시각화 접근을 통한 컴퓨팅 사고의 증진 방법에 대한 이해 능력을 평가한다. · 평가시기: 3주차 · 세부평가 내용 TABLE_BELOW · 평가 방법: 과제(과정 평가: 작업장 평가, 평가자 질문) · 평가 시 고려사항: - 컴퓨팅 사고가 미래의 생존 기술에서 차지하고 있는 위치에 대한 정확한 인식을 바탕으로 컴퓨팅 사고에 타당성 있게 접근하여 적응하는 능력을 평가한다. - 컴퓨팅 사고를 효율적으로 증진시킴에 있어서는 열린 마음과 아이디어가 중요하므로 시각화 접근 방법을 통해 아이디어를 열린 마음으로 창출할 수 있는 문제 해결 방법의 기반하에 접근하고 있는지 평가한다.
직무 능력 평가 2	· 관련 능력단위 요소: 논리 기반 컴퓨팅 사고 연습하기 · 평가 내용: 문제 해결 절차와 문제 해결 원리에 대한 개념 이해를 바탕으로 논리의 분해와 결합을 통한 컴퓨팅 사고 증진과 컴퓨팅 사고 논리의 융합을 통해 문제를 해결할 수 있는 능력의 정도를 평가한다. · 평가시기: 6주차 · 세부평가 내용

세부평가 내용 (직무 능력 평가 1):

평가 내용	평가	
	예	아니오
1. 컴퓨팅 사고의 탄생 배경과 필요성을 이해할 수 있다.		
2. 컴퓨팅 사고의 정의와 구성 요소를 이해할 수 있다.		
3. 기존의 컴퓨팅 사고의 접근 방법의 문제점을 이해할 수 있다.		
4. 시각화 컴퓨팅 사고의 접근 방법을 통한 문제의 해결 방법을 이해할 수 있다.		

평가 항목	평가 내용 및 방법

| 직무
능력
평가 2 | <table><thead><tr><th rowspan="2">평가 내용</th><th colspan="2">평가</th></tr><tr><th>예</th><th>아니오</th></tr></thead><tbody><tr><td>1. 일상 생활에서의 문제 해결 절차를 이해할 수 있다.</td><td></td><td></td></tr><tr><td>2. 문제 해결의 기본 원리를 이해할 수 있다.</td><td></td><td></td></tr><tr><td>3. 논리의 분해와 결합을 통해 컴퓨팅 사고를 증진할 수 있다.</td><td></td><td></td></tr><tr><td>4. 컴퓨팅 사고 논리의 융합을 통해 문제를 해결할 수 있다.</td><td></td><td></td></tr></tbody></table> |

· 평가 방법: 과제(과정 평가: 문제 해결 시나리오, 결과 평가: 구두 발표, 중간고사)
· 평가 시 고려사항:
- 문제 해결에 있어서는 문제의 실체에 대한 세밀한 이해와 문제 해결에의 긍정적 사고를 바탕으로 하는 끈기와 동기 부여가 중요하므로 이에 대한 접근 자세와 역량을 평가한다.

직무 능력 평가 3

· 관련 능력단위 요소: 알고리즘 기반 컴퓨팅 사고 연습하기
· 평가 내용: 컴퓨팅 사고와 알고리즘과의 관계와 기본 알고리즘의 개념에 대한 정확한 이해를 바탕으로 기본 알고리즘 습득을 통해 복잡한 문제 해결에 알고리즘을 활용할 수 있는 능력을 평가한다.
· 평가시기: 9주차
· 세부평가 내용

평가 내용	평가	
	예	아니오
1. 컴퓨팅 사고와 알고리즘의 관계를 이해할 수 있다.		
2. 기본 알고리즘의 개념을 이해할 수 있다.		
3. 기본 알고리즘을 현실에 응용할 수 있다.		
4. 복잡한 문제 해결에 알고리즘을 활용할 수 있다.		

· 평가 방법: 과제(과정 평가: 작업장 평가, 결과 평가: 사례 연구)
· 평가 시 고려사항:
- 기본적인 알고리즘을 컴퓨팅 사고의 문제 해결에의 적용에 활용하기 충분한 이해도와 응용 능력을 가지고 있는지 평가한다.

평가 항목	평가 내용 및 방법
직무 능력 평가 4	· 관련 능력단위 요소: 현재와 미래의 문제 창의적 해결하기 · 평가 내용: 미래 세대가 마주칠 당면 문제 해결에 시각화 기술을 습득하고, 로봇을 이용한 인간 능력의 창의적 확장과 IoT 기술을 활용한 현실 설계의 문제 해결에 적용할 수 있는 능력을 평가한다. · 평가시기: 14주차 · 세부평가 내용 **세부평가표** · 평가 방법: 과제(결과 평가: 포트폴리오(팀별, 개별), 기말고사) · 평가 시 고려사항: - 미래에 마주칠 제반 문제에 대한 각별한 관심과 통찰력을 바탕으로 샘솟는듯한 아이디어의 도출 능력의 정도를 평가한다. - 팀단위 협업에 의해 현재와 미래의 문제를 창의적으로 해결할 수 있는 능력의 확보 정도를 평가한다. - 시각화 기술의 적용을 컴퓨팅적 사고 능력의 함양 정도를 평가한다.
향상/ 심화 계획	· 평가점수가 70점 미만 성취수준 미달자는 향상교육을 실시한 후 재평가한다. · 평가점수가 90점 이상인 성취수준 달성자는 심화교육을 실시한다.

세부평가 내용:

평가 내용	평가	
	예	아니오
1. 미래 세대가 마주칠 당면 문제 해결에서 시각화 기술을 적용할 수 있다.		
2. 로봇을 이용한 인간 능력의 창의적 확장을 실현할 수 있다.		
3. IoT 기술을 활용하여 현실 세계의 문제 해결에 적용할 수 있다.		

5. 저자소개

유홍준

- ㈜소프트웨어품질기술원 원장
- ㈔한국정보통신기술사협회 부회장
- 국가기술자격정책심의위원회 세부직무 분야 전문위원회 위원(정보처리)
- 한국산업인력공단 직종별전문위원회 전문위원 (정보처리)

- 한국정보통신기술협회(TTA) 정보통신표준화 위원회 위원
- 법원행정처 IT분야 전문 심리위원

- 학력저서: 성균관대학교 일반대학원 정보통신공학부 박사과정 수료, JAVA プログラミング入門(日本 技術評論社), MINDMAP을 이용한 JAVA 코딩 가이드라인, 소프트웨어 품질 매트릭 용어집, 소프트웨어 설계 자동화 방법론 등 다수
- 주요경력: 한국산업인력공단 근로자 직업능력개발훈련 적합훈련과정 심사 위원, 한국국제협력단(KOICA) 해외 정보화사업 평가 위원, 서울특별시 정보화사업 총괄 평가 위원, 건국대학교 정보통신대학원 정보통신학과(정보시스템 감리 전공) 겸임교수, 한국산업인력공단 IT분야 국가기술자격체계 설계, 한국산업인력공단 IT자격 국가간 상호인증 연구, 법원 IT관련 감정 평가, ICT분야 NCS개발, 검토, 심의 및 평가 위원 등 다수
- 감리경력: 약 15년간 기획재정부, 외교부, 통일부, 행정자치부, 법무부, 고용노동부, 산림청, 국토교통부, 여성가족부, 미래창조과학부, 중소기업청, 보건복지부, 대법원, 문화재청, 문화체육관광부, 국회사무처, 서울대학교, 한국해양대학교, 통계청, 방위사업청, 한국정보화진흥원, 한국은행, 기업은행, 해인사, 국회입법조사처, 서울시, 경기도청 등 정부부처 및 각종 공공기관에서 400건 이상의 정보시스템 감리 수행 및 350건 이상의 총괄감리원 업무 수행
- 보유자격: 정보관리기술사, 국제기술사(IE: APEC, EMF-IRPE), 수석감리원, 정보시스템감리사, 소프트웨어보안약점진단원, GIS감리원, 기술지도사(정보처리), 기술거래사, 정보통신특급감리원, 정보보호관리체계심사원보, 무선설비기사, 정보환경영체제(IMS)심사원, 전파통신기사, GIS컨설턴트

박 경 화

||||||||||||||||||||||||||||||||||||||||||||||||||||||||

- ㈜소프트웨어품질기술원 주임연구원
- 한국산업인력공단 "소프트웨어 전문 기사 국가 기술 자격종목 개발 연구" 연구 팀원
- 한국소프트웨어산업협회 "소프트웨어 품질 포럼" 연구 팀원
- 한국산업인력공단 사무자동화산업기사

- 주요경력: 산림청, 외교통상부, 한국고용정보원, 국회사무처, 법무부, 중소기업은행, 충청남도청, 대한지적공사, 영덕군청, 한국전자정보통신산업진흥회, 한국정보화진흥원, (재)광주정보문화산업진흥원, 지식경제부 기술표준원, 국회도서관, 보건복지부, 한국발명진흥회, 통계청, 국립생물자원관, 한국도로공사, 한국임업진흥원, 특허청, 수원시청, 한국예탁결제원, 대법원, 법무부 서울보호관찰소, 국립 한국방송통신대학교, 소상공인진흥원, 안전행정부, 여성가족부, 대법원, 진천군청, 한국농어촌공사, 국회입법조사처, 한국소비자원, 농림수산식품기술기획평가원, 한국지역정보개발원, (사)한국잡지협회, 한국문화정보센터, 경기도청, 여수광양항만공사, 한국토지주택공사, 서울대학교 정보화본부, 미래창조과학부 우정사업정보센터, 한국대학교육협의회, 농림수산식품기술기획평가원, 한국교육학술정보원, 경상북도교육연구원, 가평군청, 강원도청, (재)충북지식산업진흥원, 문화재청 등 55건 이상의 감리, 평가 및 컨설팅 품질 관리
- 편집경력: 새틀SETL)을 이용한 시각화 C언어 기초 알고리즘, 새틀(SETL)을 이용한 시각화 C언어 기초 자료구조, 새틀SETL)을 이용한 시각화 C언어 기초 익히기, 시각화 설계 자동화 도구 새틀(SETL) 시작하기, 새틀(SETL)을 이용한 시각화 SW 설계 자동화 방법론, 새틀(SETL)을 이용한 JAVA 시각화 객체지향 입문 등 다수 주임 편집위원 역임

새틀(SETL)을 이용한
시각화 컴퓨팅 사고 연습

초판 1쇄 발행 2015년 10월 01일

저 자   유홍준 | 박경화

편 집   IoT 융합 서적 편집팀

발 행 자   (주)소프트웨어품질기술원
주   소   경기도 고양시 일산동구 호수로 358-39, 101-614
전   화   031-819-2900
팩   스   031-819-2910
등   록   2015년 2월 23일 제015-000042호

정가 20,000 원
ISBN 979-11-954829-9-3

안 내

본서에서 다루는 쏙(SOC)을 지원하는 새틀(SETL) 프로그램은 컴퓨팅 사고를 형성하는 생각의 논리 제어 패턴을 시각적으로 보여주어 컴퓨팅 사고를 증진시키는데 도움을 줍니다.

SETL_CT 프로그램은 http://www.softqt.com의 연구-소프트웨어 게시판에서 최신 버전을 다운로드 받으실 수 있습니다.

독자 여러분의 소중한 의견과 혹시 발견되는 오탈자 또는 편집, 디자인 및 인쇄, 제본 등에 대하여 연락주시면 저자와 협의하여 즉시 수정·보완하여 더 좋은 책으로 보답하겠습니다.

최선을 다하겠습니다. 감사합니다.

SoftQT (주)소프트웨어품질기술원